# 韓国大乱

牧野愛博



文春新書

1489

# はじめに

韓国の尹錫悦《ユンソンニョル》大統領が2024年12月3日午後10時半ごろに、戒厳令を布告してから約3週間後、私は10日ほどソウルに出張した。社会は表向き平穏だったが、出張中に会った知人たちは異口同音に、「いかに、自分が戒厳令に驚いたか」を語ってくれた。李明博《イミョンバク》政権で閣僚を務めた知人はシャワーを浴びていた。テレビをみていた夫人が「ヨボ（あなた）、戒厳令」と大声を上げた。知人は即座に「カッチャ（偽）ニュースだ」と怒鳴ってしまったという。朴槿恵《パククネ》政権で在外公館長を務めた知人はベッドで本を読んでいた。高校の同窓生で作るSNSのグループトークが急に騒がしくなった。「戒厳令」という言葉に「冗談だろう」と思ったが、あまりに同じ言葉が飛び交うので、急いでテレビをつけたという。また、尹錫悦政権で閣僚を務めた知人は、会食の帰りで車中にいた。この知人だけは「戒厳令」と聞いて、「ああ、冗談じゃなかったのか」と思ったそうだ。24年春ごろから、酒席で尹大統領は「戒厳令」という言葉をたびたび口にしていたからだ。

韓国で前回、戒厳令が敷かれたのは、1979年10月、朴正熙《パクチョンヒ》大統領が暗殺された時だった。45年前と比べ、韓国社会は大きく変わった。その象徴がスマホだ。79年当時、釜山《プサン》の軍部隊に所属していた知人の情報源は、部隊の前の通りにある居酒屋の親父だった。釜山は日本の放送電波が届くため、テレビに日本の番組が映る。親父は45年までの日本統治時代を経験しているため、日本語ができた。部隊内部では朴正煕大統領の死去は知っていたが、その後の12月12日に起きた「12・12粛軍クーデター」で当時の全斗煥《チョンドゥファン》国軍保安司令官が軍の全権を握ったことは知らなかった。知人が居酒屋に寄ると、親父がこっそり、「全斗煥という人物が軍のトップになったそうだ」と教えてくれた。全氏は当時、少将に過ぎず、全国的に名前を知っている人は少数だった。

「粛軍クーデター」の成功も、軍通信網を保安司令部が握っていたことが大きな要因になった。保安司令部は軍内部の通信をすべて盗聴し、動きを把握していた。このため、抵抗勢力の動きをいち早く封じることに成功した。

45年後、尹大統領が敷いた戒厳令は約6時間で失敗に終わった。その大きな原因は、戒厳軍が尹氏の意図通りに動かなかったことにある。韓国司法当局が金龍顕《キムヨンヒョン》国防相（当時）を取り調べた結果によれば、尹氏は事前に戒厳軍を国会議事堂などに配備しておくことを主張したが、軍などが反対して実現しなかった。韓国軍自体の民主化が進んでいたこともあるが、一般兵士もスマホを持つ今の時代、そんなことをすれば、戒厳令の動きが事前に漏れてしまうという懸念もあったようだ。戒厳軍の兵士に対し、テレビを見ていた両親が仰天して「市民に銃を向けたらだめだ」と電話したという話も、知人から聞いた。韓国陸軍の元大将は「今の若い兵士がスマホを見るのは食事と一緒。スマホを与えなければ彼らは死んでしまう」と語る。

また、12月3日深夜、国会議事堂があるソウル・汝矣島《ヨイド》には多くの市民が抗議をするために訪れた。そのなかには、20〜30代の女性の姿が目立ったという。女性たちは自分たちの好きな歌を合唱し、曲の合間に「戒厳令反対」と叫んでいたそうだ。1979年当時、殺気立った様子でデモを行っていた韓国市民とは大きくかけ離れた姿だ。野党議員の一人は「それだけ、韓国の民主主義が成熟した証拠だ」と語る。

こんな風に、韓国社会はこの45年の間に大きく変わった。そのなかで、尹錫悦大統領とその周辺の変わらない姿に驚いた。尹氏は執務中、大統領室の部下や閣僚たちに、「今日はどうするんだ」と声をかけていた。酒席の誘いだ。今の韓国人たちは、予定があるなら「ある」とはっきり答えるが、尹氏にそう答える人はいなかった。みな、「約束はありません」と答え、誘いに応じた。かつての韓国の官公庁や企業、メディアの内部でよく見られた風景だ。飲み方も、尹氏が大好きな、ソメ（焼酎＝ソジュとビール＝メクチュを混ぜた爆弾酒）がほとんどで、大統領に勧められるまま、みなフラフラになるまで飲んだという。こんなやり方、今の韓国では絶対に通用しない。韓国外交省で課長を務める知人は「課内は女性が多数派。いつもお酒はワインかビール。飲み方はバラバラで強要したらパワハラになる。2次会はほとんどあり得ない」と語っていた。

尹氏とその周辺だけが時間の流れが止まっていたようだ。それが、戒厳令が今でも通じると尹氏が考えた一番の原因かもしれない。もちろん、保守・進歩（革新）にかかわらず、知人たちの大多数は戒厳令に驚き、心配し、反発した。だから、短時間で失敗した。

それにしても、なぜ、21世紀の韓国でこのような事態を許してしまったのか。私は強い興味を覚え、ソウルの知人たちに片端から聞いて回った。私の疑問に対する知人たちの答えをまとめたのが本書だ。

政府関係者、与野党の国会議員、閣僚経験者、政党職員、学者、サラリーマン、外交官、軍人ら、保守・進歩を問わず、彼ら（彼女ら）は、外国人の記者である私に、とても親切に、様々な事実関係や自分の考えを語ってくれた。こうした事実は、誰が韓国の指導者になっても、日本と韓国の関係が簡単には壊れないことを証明してくれていると思う。

◎目次

韓国大乱

ＢＴＳは奪い合いに／保守政党はなぜ脱皮できないのか／宗教にすがる市民たち／「戒厳令が韓国を救った」と絶叫した牧師／年収の10分の1を献金／尹大統領が期待した釜山万博という夢／「イベント政治」が生んだ悲劇／「国格」と「映えの文化」／長幼の序が崩れ、お年寄りが生きづらい国に／「貧困老人」が増えている／犬食禁止と忖度／「医療大乱」／建国以来積み重ねてきた宿痾／女子大の共学化への反発／ジェンダー対立を煽る政治家たち／激烈な学歴社会の弊害／「父親の無関心、母親の情報力、祖父母の財力」／「くそ親父」を意味する最凶ワード／文在寅や尹錫悦は「コンデ」か／韓江氏と過激な保守系市民／占い師との「不適切な関係」

## 第５章　北朝鮮と周辺国　韓国はこれからどうするのか



北朝鮮にとっては「追い風」／金正恩がロシアへ派兵した狙いとは／非常戒厳は「同盟国に対する裏切り」／トランプ政権との化学反応／台湾有事に集中したい米国の思惑／米国ファーストで「核ドミノ現象」の恐れも／「表情管理」する中国／対中戦略で韓国が抱く焦り／なぜ米国は日米韓の枠組みを重視するのか／尹政権は中国へ気を遣っていた／良好だった日韓関係は……／佐渡の金山追悼式で

# 第1章　非常戒厳、何が起きたのか

## 早口でまくし立てた尹大統領

2024年12月3日火曜日の韓国・ソウル。シベリア寒気団の南下から、夜間は氷点下に冷え込む日が続いていたが、街は活気にあふれていた。韓国の実質国内総生産（GDP）成長率は前年比で21年4・3％増から22年2・6％増、23年1・4％増と減速していたが、韓国政府は7月、24年の実質GDP成長率見通しを従来の2・2％から2・6％に上方修正し、経済にもわずかだが明るい兆しが灯った。K－POPや韓国ドラマの世界的な浸透で、外国人旅行客は過去最高だった19年の1750万人に迫る勢いをみせていた。

歳末に向けて、慌ただしさを増すソウルで一カ所だけ、暗く冷え込んだ場所があった。ソウル中心部の汝矣島《ヨイド》。国会議事堂や各政党の党本部などが立ち並ぶ、韓国の永田町とも言える政治の中心地だ。そこでは、まるで未来が見えない政治闘争が日夜繰り広げられていた。原因は定数300のうち、過半数を超える進歩系最大野党「共に民主党」の強烈な国会運営だった。11月29日も、国会予算決算特別委員会で、同党は来年度予算減額案を単独可決した。予算案を野党が単独可決したのは韓国憲政史上初めてだった。保守系与党「国民の力」は、野党の議事運営に抗議して採決前に退席した。減額された予算には、大統領秘書室・国家安保室の特殊活動費などが含まれていた。韓国大統領室は12月1日、「共に民主党」が予算減額を撤回しない限り、来年度予算の追加交渉を拒む姿勢を明確にした。大統領室が野党との対決姿勢を改めて強調した2日後の12月3日夜。尹錫悦政権の国務委員（閣僚）たちに次々に連絡が入った。韓悳洙《ハンドクス》首相は国会での証言で、同日午後8時半ごろ、戒厳令の動きを知ったという。憲法第77条が定める、「非常戒厳（戒厳令）」を敷くために必要な国務会議（閣議）への緊急参集の指示だった。韓首相も戒厳令を阻止するため、閣僚たちにソウル・竜山《ヨンサン》の大統領室に集まるよう指示した。

韓国行政安全省などによれば、国務会議を開くために必要な定足数の11人に達した3日午後10時17分、国務会議が始まった。場所は閣議室ではなく大接見室だった。韓国では、会議の開会と閉会にあたっては、木槌（ギャベル）を叩くのが通常だが、尹氏はもどかしそうに、こうした儀礼を省いた。そして、なぜ、自分が戒厳令を決意するに至ったかという説明を2分ほどで読み終えた。閣僚たちはある者は驚いた表情で、またある者は茫然とした表情で、早口でまくし立てる尹氏を見ていた。大統領室は閣議の発言録や速記録は残っていないと説明しているが、閣僚11人のうち、少なくとも韓悳洙首相、崔相穆《チェサンモク》経済副首相兼企画財政相、趙兌烈《チョテヨル》外相の3人は強い反対の意思を示したという。なかでも趙外相は、説明を終えて引き上げようとする尹大統領に追いすがり、「外交がめちゃくちゃになります」「絶対に戒厳令はダメです」と迫ったが、すでに尹氏の考えは固まっていた。

閣議は10時22分に終了した。尹氏はそのまま、記者会見場に移動すると同23分、戒厳令を布告した。尹氏の発言は民主主義国家のリーダーとしては異様と言わざるを得ない内容だった。尹氏はこう語った。「自由大韓民国の内部に暗躍している反国家勢力による大韓民国体制転覆の脅威から自由民主主義、国民の安全を守るため、2024年12月3日午後11時付で大韓民国全域に以下の事項を布告する」。韓国政府元高官は「これは、通常の手続きに沿った文書ではない」と解説する。「大統領の会見であれば、通常は官僚が下書きをし、担当部署のトップが推敲したうえで、大統領に見せる。官僚が『暗躍』だとか『反国家勢力』などという言葉を使うはずがない」。実際、この文章は戒厳令について事前に相談を受けていた金龍顕国防相（当時）が下書きし、尹大統領が直々に手を入れたという。

金龍顕国防相はすぐに全軍指揮官会議を開催した。そこで戒厳司令官に任命した朴安洙《パクアンス》陸軍参謀総長（当時）に対し、朴氏の名前で出す戒厳令の布告文を手渡した。朴氏は「法的に正しい手続きを踏んだのか」と金氏に尋ねたが、金氏は「法的な検討は終わっている」と答えたと、国会で証言した。金氏は尹大統領から全権を委任されているという趣旨の発言も行った。だが、戒厳司令官は戒厳令下では、すべての行政機関を統轄する役割を担う。まったく事前の準備ができていない朴氏らは驚き、混乱しているうちに、午後11時になり、戒厳令が布告された。

戒厳令は、「国会と地方議会、政党の活動と政治的結社、集会、デモなど一切の政治活動を禁じる」「すべての報道と出版は戒厳司令部の統制を受ける」など、6項目からなっていた。すぐに韓国戒厳軍が動き始めた。戒厳軍兵士約300人が戒厳令布告時間よりも前の3日午後10時半ごろ、韓国中央選挙管理委員会の庁舎に侵入した。選管職員5人の携帯電話を押収するとともに、電算室で選挙人名簿を管理するサーバーを撮影した。次に午後11時48分ごろ、韓国陸軍特殊戦司令部傘下の兵士ら約280人が韓国国会に軍用ヘリコプターなどを使って投入された。国会に侵入した戒厳軍を指揮した郭種根《クァクチョングン》特殊戦司令官（当時）は、尹大統領から、国会議事堂にいる議員らを外に出せという指示を受けていたと明かした。憲法によれば、議員総数の半数が賛成すれば、戒厳令解除を決議できることを念頭に置いた指示とみられる。兵士たちは日が変わった4日午前零時半ごろ、国会議事堂2階の窓ガラスを割って内部に侵入した。

## 与党代表は顔面蒼白で国会議事堂へ

一方、国会議員たちはどうしていたのか。与野党議員ともに「青天の霹靂《へきれき》」と言える状況だったようだ。与党「国民の力」所属のある議員は、国会近くの居酒屋にいた。そばのテーブルで飲んでいた韓国メディアの国会出入り記者たちが午後10時半ごろ慌ただしく、店を出て行った。いきなり出ていくので、不審そうな顔を向けた議員に、記者はこう言った。「戒厳令だ」。「何を冗談を」と思った議員のスマホがけたたましく振動を始めた。SNSアプリ「カカオトーク」の通知だ。党所属の議員や職員らがつくったグループで、ひっきりなしにやり取りが行われていた。「どこに行けばいいのか」「国会議事堂が封鎖されていて入れない」「党本部に行くべきか」。そんなやり取りが延々続いていた。

議員はとりあえず、国会議事堂そばの「国民の力」党本部に向かった。そこには党代表の韓東勲《ハンドンフン》氏や、ナンバー2の秋慶鎬《チュギョンホ》院内代表ら（いずれも当時）が顔をそろえていた。韓氏は党最高委員会議を、秋氏は議員総会の予備会議にあたる戦略会議を、それぞれ開こうとしていた。戒厳令が国会議員の活動を制限することを宣言しており、戒厳令解除決議のための本会議が開かれることが簡単に予想された。2人はそれぞれ、党ないし議員団の立場をまとめる必要があると考えていた。

韓氏は盛んにスマホでやり取りをしていたが、顔面蒼白の様子で「国会議事堂に行く」と話した。韓氏はこの時点で自身が「逮捕リスト」に名前が挙がっていることを知ったようだ。戒厳令に従い、尹大統領らは政治家や司法・言論関係者ら14人の「逮捕リスト」を作っていたとされる。そこには尹政権最大の政敵、「共に民主党」の李在明《イジェミョン》代表や禹元植《ウウォンシク》国会議長、金命洙《キムミョンス》元大法院長（最高裁長官）らとともに、韓東勲氏の名前もあった。なぜ、韓氏の名前が挙がったのか。それは、尹錫悦大統領の妻、金建希《キムゴニ》氏の動静と関係がある。

韓氏は、尹氏の検察時代の後輩で、「尹氏の懐刀」として法相に就任した。ところが、韓氏は24年4月の総選挙を前に、与党勝利のためには、様々な疑惑にさらされている金建希氏の国民に対する謝罪が必要だと主張。妻を守りたい尹氏との間で激論になった。それ以降、尹氏と韓氏の間には隙間風が吹いていた。また、12月10日には金建希氏の疑惑を追及する特別検察官設置法案の採決が迫っていた。国会の3分の2の賛成で可決された場合、尹氏は設置法の再議決要求（拒否）ができない状況に追い込まれる見通しだった。当時、「国民の力」は108議席。8人が造反すれば、可決される。韓東勲代表のグループは20人前後と言われていた。

3日午後10時23分、尹錫悦氏が戒厳令を布告する記者会見を、韓氏らは国会近くの党本部で見ていた。韓氏は戒厳令の発表から10分後には、自身のSNSに「戒厳令反対」の立場を示していた。これに対し、秋氏は「もう少し、議員が集まってから移動しても良いのではないか」と伝えたが、韓氏は「今すぐ出る」と言ってきかなかった。そこから歩いて5分ほどの国会議事堂に向け、韓氏は自分に近い議員や職員ら十数人を連れて党本部を出た。ちょうどそのころ、30分間ほどは、国会議員や党職員は身分証さえ見せれば、議事堂内部に入れる状態だった。韓氏は国会議員ではないが、そのまま一直線に本会議場に飛び込んだ。自身の身の危険を感じての行動だったとみられる。そこには野党「共に民主党」所属議員らが大勢集まっていて、韓氏を拍手で出迎えた。

一方、秋氏は、とりあえず集まっていた議員らとともに国会議事堂に向かい、院内代表室に入った。そこで議員たちと本会議の対応を協議していた。前述の居酒屋で飲んでいた議員もそこにいた。みなが議論していると、外に面したガラス窓から「ゴッゴッ」という音が聞こえて来た。議員は「何だろう」と思い、外の様子を見ようと窓ガラスをのぞき込んだ。そのとたん、向こうからもこちらをのぞき込んでいる男と目が合った。男は戦闘用のヘルメットに暗視ゴーグルをつけていた。「兵士たちは国会議事堂に侵入する場所を探していた」と議員は証言する。だが、兵士たちは議員たちと物理的な衝突を避けるよう指示されていたようだった。兵士らは室内に人がいることを確認すると、無人の部屋を探して別の方向に立ち去った。

この議員も軍隊に入隊した経験があるが、初めての光景に胸の動悸が止まらなかったという。まもなく、禹元植議長から「本会議を午前1時から開く」という連絡が秋氏のところに来た。議員たちは「解除決議に必要な過半数の議員が集まったな」と直感した。ところが、そのすぐあと、議長から「本会議開催を30分早める」という連絡が来た。兵士たちの乱入を警戒し、一刻の猶予もないという雰囲気が伝わってきた。院内代表室にいた議員たちは、慌てて部屋を出て本会議場に向かおうとした。しかし、ドアを開けると、そこには先ほどと同じように、戦闘用ヘルメットに暗視ゴーグルをつけた兵士たちが無言で廊下を埋め尽くしていた。小銃も見えたが、実弾が装塡されているかどうか、確認する心の余裕はなかった。兵士たちは議員たちをじっと見つめていた。物理的に阻止しようとしたり、大声を上げることはなかった。議員は「今思えば、兵士たちを押しのけてでも本会議場に向かうべきだった。でも、あの光景をみて、思わず足がすくんでしまった」と語る。議員たちはそのまま、院内代表室で解除決議が採決される様子をテレビで見ているほか、方法がなかった。

## わずか6時間で終わった

一方、野党「共に民主党」の議員らには非常呼集がかかり、続々と国会議事堂に向かっていた。李在明代表もユーチューブで、戒厳令反対を表明。韓氏とは対照的に、カメラを見据え、よどみなく延々と原稿もなしに「戒厳令反対」の論陣を張った。ユーチューブのカメラはそのまま、国会に向かう李氏らの姿を生中継した。戒厳令を受け、国会議事堂には警察が配備され、周囲を固めていた。韓東勲氏や李在明氏ら、政治家や議員、あるいはマスコミ関係者らが相次いで国会にやってきた。多数の市民も詰め掛けていた。警察が混乱してわずかな時間、門を開放したことや、「入れてやれ」「警察は邪魔するな」という市民の訴えに負けたことなどもあり、議員らは次々と国会議事堂に入った。本会議場に入った議員は午前零時時点で約60人だったが、最終的に190人になった。

午前1時1分、出席した国会議員190人全員の賛成で、戒厳令解除要求が可決された。これを受け、午前1時11分から、戒厳軍が韓国国会からの撤収を始めた。尹大統領は同午前4時27分から約2分間、戒厳令を解除するための閣議を開催。その後、正式に戒厳令の解除を発表した。1987年の民主化後初めて、過去に遡れば79年10月の朴正煕大統領暗殺後に出されて以来、45年ぶりとなる戒厳令は、わずか6時間足らずで収束した。

この解除決議を巡り、韓国の人々からは「なぜ、野党議員ばかりが集まり、与党議員は十数人しか参加できなかったのか」「解除決議ができないようにサボタージュしたのか」という疑念の声が上がった。ただ、別の与党議員は「私も記者発表で戒厳令を初めて知った。慌てて駆け付けたときには、国会議事堂が封鎖されていた。何とか敷地内には入り込んだが、議事堂の建物の入り口がどこも封鎖されていた。しばらくさまよった後、あきらめて党本部に向かった」「サボタージュするつもりなら、わざわざ国会議事堂なんて向かわない」と語る。

一方、保守系の人々からは「なぜ、野党議員はあれほど早く議事堂に集まれたのか」という声も出た。野党議員があらかじめ、戒厳令を警戒して議員たちに遠くに行かないよう禁足令をかけていたという情報も出回った。韓国メディア幹部は、知人の弁護士からこんな話も聞いた。「戒厳令の2週間ほど前、李在明代表と2時間ほど面会した。そのとき、李氏が執拗に戒厳令を警戒していたので、なぜだろうと思った」という。ただ、少なくとももソウルで面会した野党議員3人は、いずれも「戒厳令を事前に察知していたわけではない」と語った。次の日の午後、本会議が予定されていたため、地方選出の議員もソウルにいただけだという。ただ、同党の連絡網は明確に「本会議場を目指せ」と指示をしていたようだ。保守と進歩の間に出回る情報の食い違いは、そのまま政治対立の深刻さもうかがわせた。

## 尹錫悦とは何者か

尹錫悦氏は1960年、ソウル生まれ。ソウルの男子校、沖岩《チュンアム》高校から79年にソウル大法学部に進んだ。司法試験に8回連続で落ち、94年にようやく検事になった。苦労人だったせいか、検事時代は「尹錫悦は徹底的に後輩の面倒をみる」と言われ、周囲から慕われた。後輩の冠婚葬祭や休暇には、いつも多額のカネを包んで渡していたという。午前零時過ぎまで仕事に没頭し、それから後輩を連れて明け方まで飲んだ。

非常に気さくな性格で、上下関係にもあまりこだわらない。昔、尹氏が40代だったころに検察出入り記者だった知人は、当時の思い出をこう語る。「尹大統領は自らネタをくれる検事ではなかったが、記事を書いた翌朝、検事部屋に行くと、向こうから声をかけて来た。尹氏の机まで行くと、記事のここが不正確だ、あそこはもっとこう書くとよいなど、親切に教えてくれた」。また、韓国では、地位の高い人物と面会する際、まず面会者たちを先に面会場所に入れて着席させる。そこに韓国政府高官が入ってくると、面会者たちは立ち上がり、入室を出迎える。筆者が２０１９年１月の新年大統領記者会見に出席するため大統領府（青瓦台《チョンワデ》）を訪れた時も同じだった。文在寅《ムンジェイン》大統領（当時）が記者会見場に入る直前、入室を告げるアナウンスがあり、記者たちに起立を求めた。だが、尹氏は自ら先に入室し、来客を立って出迎えたという。

尹氏は16年、朴槿恵大統領（当時）の知人、崔順実《チェスンシル》氏や大手財閥サムスングループをめぐる疑惑の捜査を任され、17年３月に朴氏を逮捕に追い込んだ。17年５月に発足した文在寅政権は、尹氏をソウル中央地検のトップに任命。尹氏は18年３月、収賄や横領などの容疑によって李明博元大統領の逮捕も指揮。こうした手腕が評価され、文在寅政権は19年７月、尹氏を検事総長に抜擢した。

ところが、「検事特有の白か黒かの二分法の思考方式」「正義があれば、それですべてが解決できるという考え」（韓国政府元高官ら）の持ち主だった尹氏は、次第に文在寅政権と対立を深めた。文在寅氏側近の曺国《チョグク》元法相の家族をめぐる不正疑惑の捜査に着手。曺氏は19年10月に法相辞任に追い込まれ、在宅起訴された。曺氏は24年12月、子供の不正入学に絡む偽造私文書行使などの罪で懲役２年の刑が確定し、収監された。文在寅政権の人々は

「尹氏の裏切り」と捉えたが、事実ではない。尹氏が常に「正義」を求めた結果だった。

だが、文在寅政権当時の与党内からは、尹氏が「文政権が進める検察改革をつぶそうとしている」との声が上がった。20年12月、捜査妨害や政治的中立性違反などの疑いで、文在寅政権の秋美愛《チュミエ》法相から懲戒処分を受けた。有力な政治指導者がいなかった保守勢力が、「反文在寅の象徴」として尹氏を担ぎだし、22年3月の大統領選では、得票数差約25万票、得票率0・73ポイントという僅差で李在明氏を破って当選した。当時の与党関係者からは、尹氏の勝利について「これは、尹錫悦の勝利でも保守の勝利でもない」「反文在寅のシンボルとしての勝利だ」という声が上がった。尹政権のブレーンの一人も、「尹大統領には保守や進歩といった特定の政治的理念はない」と語る。保守系の大統領として与党「国民の力」をまとめる努力をしなかった。大統領選での勝利に大いに貢献した、若者層に人気がある李俊錫《イジュンソク》氏、中道層の票をまとめた安哲秀《アンチョルス》氏、そして検察時代からの子飼いの韓東勳氏と、党内の有力者とことごとく衝突し、自らの権力基盤を弱めた。24年4月の総選挙で敗北すると、一時期、進歩系政治家を首相に起用する案すら検討したことがある。

## 当惑させた「検察愛」

尹氏は政治家としての経験がないため、当初から人脈や指導力が不安視されていた。尹氏は閣僚や政府高官に次々と検察出身者や高校・大学時代の旧友らを起用した。尹氏が24年12月の戒厳令を巡り、謀議を重ねていたとされる金龍顕国防相や呂寅兄《ヨインヒョン》軍防諜司令官（いずれも当時）は、沖岩高校の同窓生たちだ。また、尹政権下では一時期、外交省傘下の韓国国際交流財団理事長、韓国国際協力団（ＫＯＩＣＡ）理事長、在外同胞庁長官の３ポストを、尹氏と同じ、ソウル大学法学部同窓生が占めた。人々は陰で「バスケットボール３人組」と呼んで揶揄した。４人は在学中、バスケットボールに興じたり、一緒に酒を飲みながら将来について語り明かしたりした仲だったからだ。

検察から登用されたのは韓東勳氏だけではない。司法の世界とは全くのお門違いの金融委員会や金融監督院などの要職にも検察出身者を起用した。金融委員会と金融監督院は23年11月、24年６月末までの間、国内の株式市場に上場する全株式の空売り禁止命令を出したが、会見した検察出身者らは「空売り禁止が景気浮揚につながるのかどうか」について、説得力のある説明ができず、市場関係者らの失望を買った。

「検察愛」は、外交の世界も当惑させた。22年５月、各国の大使や有力政治家が出席して尹氏の大統領就任式が開かれた。尹氏は、検事総長時代にソウルの日本大使館に勤務していた検事を招待し、周囲を驚かせた。また、やはり、日本大使館に勤務していた別の検事が日本に帰国することになった際、尹氏は大統領でありながら、外交官としては一等書記官の検事のために夕食会を開いたという。尹氏はその際、「もし、よければ、大使も一緒に連れて来ても良いよ」と伝えるなど、外交官からは「プロトコール・キラー（それぞれの職位に応じて、面会できる相手を厳格に定めたルールを破る者）」として恐れられていた。

## 側近たちと「深夜酒」

大学進学や就職を巡り、激烈な競争が繰り広げられる韓国で、政治家や政治任用の特別公務員は「楽をして権力に直行できる抜け道」（韓国大手メディア元幹部）として位置付けられている。大統領選が近づくと、「キャンプ」と呼ばれる候補者の陣営が立ち上がる。そこには、位人臣を極められなかった元官僚、人生で一度は大勢の部下を従えてみたいという野心に燃えたポリフェッサー（政治に野心を持つ学者）たちが集まってくる。特に、政治に強い思想やビジョンがなく、それに向けた人材をプールしてこなかった尹錫悦キャンプの場合、こうした野心家たちにとって格好の売り込み場になった。

このなかに、こんなポリフェッサーがいた。盧武鉉《ノムヒョン》政権当時から、進歩・保守を問わず、新しい政権が生まれるたびに、「私を官僚に」と売り込んできた典型的な野心家だった。ポリフェッサーは勇躍、ある国の総領事のオファーを受けた。ところが、それからしばらくして、このポリフェッサーが赴くはずの国の大使に、別のポリフェッサーが任命された。2人はお互い、「俺の方が偉くなる」と激しいライバル心を燃やしていた。総領事に任命されたポリフェッサーは「あいつが大使に選ばれることを知っていたら、俺は総領事のオファーを受けなかった」と地団太を踏んで悔しがった。もちろん、周囲の外交官たちがこの光景を冷ややかな目で見ていたことは想像に難くない。

また、尹政権で閣僚に選ばれた人物もいた。この人物は国会議員も経験したベテランだったが、激しい「自分愛」を貫くことで知られていた。閣僚に就任した後、その役所の職員は悲鳴を上げた。仕事量が大幅に増えたからだ。この閣僚が仕事に燃えていたわけではない。自分のフェイスブックなどに載せる写真の選定にいちいち細かく注文をつけたからだ。この閣僚は尹錫悦氏に対する「忠誠心」でも抜け目がなかった。尹氏は毎晩執務を終えた後の夜遅く、気に入った側近たちと「深夜酒」を楽しむ習慣があった。ある日、酔った尹氏は学生時代の思い出話に浸った。そこで、突然「あいつはどうしている」と、旧友の名前を出した。そばで、この話を聞いていた閣僚は翌朝、すぐにこの「旧友」に連絡を取った。旧友は官僚だったが、最近退官したばかりだった。閣僚はこの旧友に政府関係機関のポストを提供したという。

こうした側近たちには共通点がある。尹氏にとって耳の痛い言葉を決して吐かないという点だ。韓国政府全体をみてみれば、仕事のできる優秀な人材がいないわけではなかった。だが、尹氏が「深夜酒」に呼び寄せる側近たちに、直言居士は見当たらなかった。みな、尹氏を「閣下」と呼び、その言葉に逆らう人はいなかったという。

## 妻の金建希は「顔も経歴もすべて真実がない女」

尹氏は検事時代、仕事と酒に没頭し、50代になるまで結婚しなかった。周囲が心配して引き合わせたのが、海外美術品の展示・企画を手掛ける会社代表を務めていた金建希氏だったとされる。別に、尹氏と金氏の母親同士が、ソウル南部の高級マンションのご近所同士で、それが縁で親しくなったという説もある。美しい容貌から、口さがない連中は「美容整形のおかげだ」と騒いだ。24年12月の戒厳令当時も、「金氏は美容整形の病院に通っていた」と噂する野党議員もいた。一方、夫の尹氏の大統領選出馬を巡り、共に民主党は金建希氏について、07年に提出した水原《スウォン》女子大学の教員採用応募書類や、13年に安養《アニャン》大学に提出した履歴書などに虚偽の記載があったという疑惑を提起した。このため、尹政権発足当初から、金建希氏を巡っては「顔も経歴もすべて真実がない女」などという誹謗中傷が飛び交う事態になっていた。

尹政権などの保守陣営はこれに対抗。当初は、「ゴンサラン」という金建希氏のファンクラブを立ち上げた。韓国語で「建希、愛している」を意味するファンクラブが、ネット空間で、庶民的な価格の服や装飾品を品よく着こなす金建希氏のイメージを上手に拡散させた。自然と、「おしゃれ」「庶民的」などの声が上がっていった。だが、野党・進歩陣営は追及の手を緩めなかった。その第一弾が、「高級バッグ授受疑惑」だった。23年11月、韓国のユーチューブチャンネル「ソウルの声」が、22年9月に在米韓国人牧師が撮影した隠し撮り映像を公開した。黒縁のメガネをかけ、白いTシャツ姿の金氏が「アウー」と嬉しそうな声を上げる。「こんなことをしないで。本当にしないでください」。テーブルにはブランド品の包みが置いてあった。牧師は韓国メディアに、ブランド品は「ソウルの声」が３００万ウォン（約30万円）で購入したクリスチャン・ディオールのポーチだったと明らかにした。金氏はポーチを受け取ったままで、野党は法律違反の疑いがあると糾弾した。

24年2月の韓国の旧正月連休での話題の中心は金建希氏だった。ソウルの知人は酒席で

「大統領警護室は最近、大統領の顔に傷がつかないか懸念を募らせている」という小話を聞いた。理由は「金建希氏がヒステリーを起こして、尹大統領に物を投げつけないか心配だから」というものだった。その後のテレビ番組で尹氏は金氏を巡るスキャンダルに言及し、「はっきり断れなかったことはやや問題と言えば問題だ。少し残念だった」と語ったが、謝罪はしなかった。逆に「（隠し撮りは）政治工作だ」と批判した。

いったん鎮火したと思われた金建希氏を巡る疑惑だったが、次に「ドイツモーターズ株価操作疑惑」が持ち上がった。金氏は20年4月にこの疑惑で告発されたが、文在寅政権が当時検事総長だった尹氏を追い落とす目的があったとされた。ソウル中央地検は24年10月、金氏の口座が株価操作に利用されたのは事実だが、主犯らとの共謀の事実は認められないとして不起訴処分とした。だが、「共に民主党」は「検察に捜査の意思がない」と批判し、捜査継続を求めた。

さらに火の手が拡大したのが、政治コンサルタント、明太均《ミョンテギュン》氏と金建希氏との関係だった。明氏は世論調査会社も経営していた。韓国では政党の公認候補選びの際、世論調査結果を参考にする。明氏は特定の政治家に有利な世論調査結果を出すとされ、様々な政治家との交流がうわさされていた人物だった。また、韓国の政治家は今でも、占いに頼る場合が数多くある。政界関係筋は「韓国は激烈な競争社会。政治家に限らず、企業経営者や受験生の親なども、何かあると高名な占い師にすがり、精神的な安定を求めたがる」と語る。明氏は金氏に対し、尹氏と結婚することが、金氏の幸せな人生につながるといった趣旨の発言を繰り返し、歓心を買ったという。こうした事実の積み重ねが、金建希氏が与党「国民の力」の公認候補選びに介入したのではないか、という疑惑を呼んだ。

## 「尹夫妻の間に愛情は存在するのか」

よく、ソウルっ子たちが話題にしていたのが「尹錫悦大統領と金建希氏の間に愛情は存在するのか」ということだった。真相はわからないが、私の知人たちの間での多数説は「尹大統領は半分愛しているが、金氏側に愛情はない」というものだった。それがよくわかる例が24年11月、尹大統領自身の記者会見で飛び出した。尹氏はこの会見で、金氏を巡る疑惑などについて釈明したが、そこで「私は妻のスマホの中身を見られないが、妻は私のスマホの中身を見ることができる」という事実を明らかにしてしまった。実際、金氏が尹氏のスマホで勝手に相手に返事を出し、時には尹政権の人事に口を出すこともあったようだ。22年5月に発足した尹政権を支える大統領室には「金建希ライン」と「検察ライン」があるとも言われた。また、尹氏が納得して決めたはずの政策が、一晩自宅に帰ってから翌朝戻ってくると、変わっていたというケースもしばしば見られたという。22年11月、インドネシア・バリ島で主要20カ国・地域首脳会議（G20サミット）が開かれた。その際、首脳たちが集まる場に尹大統領が遅刻したことがあった。そばにいた金氏の姿をあるユーチューブチャンネルが捉えていた。金氏の音声は入っていないが、なにか叫んでいた。このユーチューブを見た野党議員は「口の形をみると、あきらかにナガラ、ナガラ（行け、行け）と叫んでいた。あれが2人の関係」と苦笑する。

ソウルっ子たちによれば、金建希氏は尹氏との結婚話が浮上したとき、母親と共に占い師のところに出かけた。そこで、占い師から「この男は必ず検事総長になる」と言われて、結婚を決めたそうだ。ソウルっ子たちは「金建希は様々な事件を巡る疑惑も抱えていた。自分を守る番兵として結婚を決めたのだろう」と口さがなく噂し合ったという。

**ついに支持しない理由のトップに**

一方、毎週、尹錫悦政権の世論調査の動向をチェックしている日本政府関係者は「金建希氏の問題は22年5月の政権発足当初は、まったく些細な問題だった」と証言する。ゴンサランのイメージ戦略もうまくはまった。ところが、野党の執拗な攻撃が徐々に実を結んだ。この関係者は「24年夏ぐらいから、金建希氏の問題があれよ、あれよという間に大きくなり、ついには尹大統領を支持しない理由のトップになってしまい、驚いた」と語る。

金建希氏とは何者なのか。ソウルの外交筋は「ゴンサランが作り上げたような、質素な服を品よく着こなすというわけではなく、ファースト・レディーらしからぬ振る舞いがみられるのも事実」と語る。金氏は派手な服装を好んだ。夫妻が同席する食事会に出席した元閣僚によれば、金建希氏はしばしば持論をぶち、それが5分以上も続くことがよくあったという。元閣僚は「最後は、尹大統領が手を上げて金氏の発言を制していた。手を焼いているという印象を持った」と語る。犬好きで知られる金建希氏は23年12月の尹氏の外遊に同行した際、アムステルダムで動物保護団体に「犬の食用禁止は大統領の公約だ」と勝手に説明してしまった。韓国大統領室は、「大統領室のスリム化」を主張してきた尹政権発足当時、大統領配偶者を担当する第2付属室を廃止したことを強く後悔したという。

もっとも、金建希氏の「ダーティー・イメージ」は、進歩勢力によってつくりあげられた面もある。23年3月、尹氏とともに訪日した金建希氏を間近で目撃した日本政府関係者は、「随行者にも気を配る優しい人だ」という印象を持ったという。金建希氏は当時、岸田文雄首相（当時）の妻、裕子さんと仲良く、「自分用」と「夫用」の和菓子を作った。2人は同年5月、広島で開かれた主要7カ国首脳会議（広島G7）の際にも、2種類のお好み焼きを仲良く分け合って食べた。

別の日本政府関係者は「金建希氏よりも、文在寅前大統領の妻、金正淑《キムジョンスク》氏の方が威張っていた」と証言する。韓国メディアによれば、インドが18年当時、康京和《カンギョンファ》外相（当時）の訪問を要請した。韓国側が文化体育観光相の派遣を検討し、金正淑氏が同行する考えを伝えたところ、インド側が金氏に対する招待状を送ってきたという。金氏は公式日程表にないインドの世界遺産タージマハルを訪問したため、韓国内で「観光旅行だ」という批判が噴出していた。前述の日本政府関係者によれば、夫婦で外遊した際、夫の文在寅氏が休んだ後でも、金氏は側近たちに自分の夜食を作るよう指示していたという。

ただ、問題は、政界で「金建希氏に弱みを握られているんじゃないか」という噂まで流れるほどの、尹大統領の弱腰ぶりだ。韓国の国会は23年12月、金氏が株価操作事件に関与した疑いで「特別検察官」を任命する法案を可決したが、尹氏は24年1月、拒否権を行使した。世論の不満が高まり、支持率が2割を切る事態に至り、尹氏は11月の記者会見で陳謝する事態に追い込まれたが、それでも、金氏を公の席から遠ざけようとする動きには最後まで抵抗していた。韓国・朝鮮日報は、公務員の間で尹氏をV1、金氏をV2と呼ぶ習慣があったと伝えた。妻、金建希氏もVIP扱いしているという意味だった。

## 妻の一喝で酒宴が終了

23年3月に尹氏夫妻が訪日した際、歓迎夕食会が開かれた。尹氏も岸田首相も大酒飲みとして知られる。かつて日本政府関係者がソウルで尹氏らと夕食会を持った際、贈答品として40度以上の高級芋焼酎を持参した。お酒が好きな尹氏のために、「後々、おひとりの時に楽しんでください」という意味だったが、尹氏はいきなり封を切り、オンザロックにして周囲の人と回し飲みを始めたという。そんな酒好きの尹氏と岸田氏の酒宴は延々と続いた。尹氏は「プロトコール・キラー」と呼ばれるほど、ざっくばらんな性格なので、カウンターパートの岸田氏とラブショット（腕を組んでの一気飲み）をするだけでは飽き足らず、同席していた政治家や役人たちを次々とラブショットの相手に指名。一気飲みを重ねた参加者は一人倒れ、また一人倒れ、という事態に至った。いったい、いつまでこの酒宴が続くのか、と周囲がおののいていた時、「あんた、いい加減にしなさい」と怒鳴ったのが金建希氏だった。それまで陽気に、酒を注ぎまくっていた尹氏はとたんにおとなしくなり、エンドレスかと思われた酒宴は無事終わったという。

それほど、夫に強い発言力をもつ金建希氏だから、12月3日の戒厳令を巡って、「金建希氏は果して、戒厳令の布告を事前に知っていたのかどうか」が大きな話題になった。「金氏は美容治療を受けていた」という噂は出回ったが、詳細はまだ明らかになっていない。日韓の知人たちの大多数の意見は「金建希氏は戒厳令について知らされていなかっただろう」というものだった。知人の一人は「尹氏が愛する妻に精神的な負担をかけるとは思えない」と語り、別の知人は「金建希氏が戒厳令を知ったら、必ず止めていただろう」と話す。

韓国では若者の就職難や不動産価格の高騰などから、政治に対する不信感が増大している。国会で過半数を握る最大野党「共に民主党」が、予算案や法案の通過を次々と阻止し、政治の停滞を招いたことも一因だが、世論の不満は尹氏の「わかりやすい独裁」に向けられる事態に至った。

韓国国会は24年12月12日、尹錫悦大統領の戒厳令をめぐる内乱容疑と、金建希氏の株価操作疑惑を政府から独立した特別検察官に捜査させる法案を、それぞれ賛成195票で可決した。金氏に対する特別検察官捜査法案の可決は4回目だった。尹氏は14日、職務執行を停止され、妻を守る拒否権を行使する権限も失った。

## 救いを求めた先は妻と酒とユーチューブ

韓国政府元高官は、尹氏の性格について「認知的不協和の傾向が強い」と語る。認知的不協和とは病気を表す言葉ではない。相反する意識を抱え込んだ時に、誰しも感じるストレスを表す心理学用語だ。例えば、「私はお酒が好きだ」という意識と「酒の飲み過ぎは体に悪い」という意識を持てば、人はストレスを感じる。尹氏はこの傾向が強く、ストレスをうまく消化できないという。ストレスを解消するために、側近たちを集めて深酒をするほか、時には大声を出したり、突拍子もない行動に出たりする。24年4月の総選挙では、与党勝利のために「金建希氏を公の席で謝罪させるべきだ」と唱える韓東勲党非常対策委員長（当時）に対し、尹氏は大声をあげてののしったという。24年12月の戒厳令布告も、「突拍子もない行動」だと言える。

また、ある元閣僚は、戒厳令に走った尹氏の行動について「尹大統領はシージメンタリティだ。軍隊でよく使う言葉で、包囲されて強い強迫観念を受けると行動に出る現象のことだ」という。政治を知らないがために、少数与党政権をうまく運営できず、自分がやりたい法案などをすべて封じられ、最後に戒厳令に走ったという解説だ。

尹氏は過去、検察官として、自らが信じる正義の道をひた走ってきた。文在寅政権によって政治的な誘惑や圧力が加わり始め、22年5月に大統領に就任すると、政治的なストレスは激増した。自分が望んだ閣僚や政府高官人事について、野党は弾劾案を乱発した。各種の法律や予算案も野党が徹底的に封じ込めた。さらに、尹氏の政治姿勢への批判や党内有力政治家との対立による政治基盤の弱体化、「わかりやすい独裁政治」への批判から、支持率は当初から低迷した。大統領に就任時点では支持が50％台だったが、翌6月には早くも不支持が支持を上回った。政権発足からほぼ2年経った24年には20％台にまで落ち込んだ。前任の文在寅大統領の支持率が20％台になったのは就任後4年経ってからだったことを考えても、低迷ぶりがよくわかる。尹氏が起死回生の機会として狙った24年4月の総選挙でも、与党「国民の力」は半数の150議席を大きく下回り、逆に野党「共に民主党」に過半数を握られる惨敗を喫した。尹氏は「日韓関係の改善」などをアピールしたが、経済があまり回復せず、「青年失業率」も改善しない。むしろ、「お友達人事」「独善」といった批判は高まるばかりで、尹氏のストレスはたまる一方だった。

ここで尹氏が、精神的な救いを求めたのが、金建希氏と酒、そしてユーチューブだった。

尹氏はもともと自分に批判的な論調のハンギョレ新聞や京郷新聞、ＭＢＣテレビなどの報道は一切見ないと言われていた。検察の尹氏に対する起訴状によれば、尹氏は戒厳令を布告した当時、この３社などへの電気や水道の供給停止を指示していた。保守系メディアを好んで読んだり、視聴したりしていたが、そのうち、飽き足らなくなり、極右系ユーチューブチャンネルに没入するようになったという。韓国の極右系ユーチューブは連日、野党の李在明代表にかかわる疑惑を繰り返し報じ、不当に批判されてきた尹氏の戒厳令は「仕方のない措置だった」と主張する。尹氏が戒厳令を巡って説明した「不正選挙」「共産主義勢力と手を結んだ反国家勢力の存在」も全面的に肯定する。これに対し、極左系ユーチューブは、尹氏や金建希氏を巡る疑惑を徹底的に追及し、戒厳令について鬼の首を取ったように尹氏追及の声を強めている。

韓国・毎日経済新聞が24年７月に報道したところによれば、韓国には主な政治系ユーチューブチャンネルが約80ある。平均登録者数は約60万人で、「毎日１回以上は視聴する」と答えた人が46・９％にのぼる。尹氏は元々、22年３月の大統領選でも保守系ユーチューブチャンネルに積極的に登場し、自身の政治信条やキャラクターの売り込みを図っていた。22年５月の大統領就任式にも、有名な保守系ユーチューバーを招いている。

ソウル市立大の黄智煥《ファンジファン》教授（国際関係論、政治学）は「韓国の政治家や元公務員らは積極的にユーチューブを利用する。尹氏もユーチューブをよく視聴しているという話も聞いた」と語る。黄教授によれば、その背景には「自分の主張を理解してほしい」という強い欲求がある。韓国は北朝鮮と対峙し、長い軍事独裁政権の時代も経験した。北朝鮮や過去の独裁政権を巡る議論は、特に論戦が激しくなる傾向にある。また、黄教授は「経済的な側面も見逃せない。再生回数を稼げば稼ぐほど、お金になるからだ」と語る。「視聴者にクリックしてほしい」と考えるため、主張が過激になる側面は否定できない。韓国では、ユーチューブの登場で、主張の両極化に拍車がかかる傾向にある。

韓国の既存のメディアに対する韓国市民の不信感もある。韓国の大手新聞やテレビは「飛ばし記事がまったくない」とは言えないものの、ユーチューブが時に見せる「根拠を示さない極端な主張」に走ることはあまりない。ただ、「パルリパルリ（早く早く）文化」と言われる、「何をおいても早くニュースを知りたい」という韓国市民の要求に十分追いつけない面がある。

また、韓国には朝鮮日報や東亜日報などの「保守系」、ハンギョレ新聞や京郷新聞などの「進歩系」といったように、立場がはっきりしている主要メディアも多く存在する。黄教授は「韓国の国民はこうしたメディアの報道について『意図的に世論を誘導するために書いているのではないか』『政府と結託しているのではないか』という疑いを持っていることも事実だ」と語る。ユーチューブではさらに立場がはっきりしているが、自分の主張をあけすけに語るだけ、かえってわかりやすいと受け止められているようだ。韓国人はむしろ、できるだけ反論も載せるべきだと考える既存の大手メディアに物足りなさを感じているとも言える。

### スマホを全面的に愛用

さらに、尹氏がデジタル空間にはまることになった背景には、スマホを愛用しているという事情もあったようだ。世界の指導者を見渡すと、スマホを手にしない人物もいる。典型的なのがロシアのプーチン大統領だ。スマホは微弱な電波が出ているため、位置などを特定される可能性がある。また、サイバー攻撃などによって、スマホを盗聴器にすることも可能だ。

石破茂首相は２０２４年秋の外遊時、スマホをいじることに夢中になっていた姿が話題になった。自由民主主義社会で治安のよい日本のリーダーなら許されるのかもしれない。

ただ、韓国は北朝鮮と対峙する準戦時国家だ。過去、取材した韓国政府当局者たちは、機微に触れる話をする際には、スマホをレストランの受付などに預けるよう強く求めて来た。そのうちの一人は、「スマホを預けただけでは安心できない」と語った。韓国の情報機関、国家情報院は指向性に優れた盗聴器を保有しているため、周囲がざわついているレストランなどでも、ピンポイントで盗聴が可能なのだという。この関係者は結局、スマホを預けさせたまま、近くの庭園を散歩しながら話をすることを提案してきた。大統領の記者会見ともなれば、スマホは妨害電波によって使えなくなる。スマホを使って、大統領の暗殺を考える輩がいないとも限らないからだ。

しかし、韓国の指導者は総じてスマホが好きなのかもしれない。朴槿恵元大統領の場合、「電話魔」で有名だった。あるとき、日本政府関係者が大統領府を訪れ、韓国政府高官と協議を行った。その最中、高官のスマホがたびたび鳴り、その都度高官は申し訳なさそうに中座した。高官は「VIPがスマホで指示を飛ばしてくるんだよ」と語ったという。朴氏は女性大統領のため、身だしなみに非常に気を使った。大統領府での勤務は正装するのが大変なため、しばしば、大統領公邸からスマホで指示を飛ばしていたのだという。

ただ、朴氏は連絡手段としては使っていたが、むやみにSNSを使うことはなかった。

ところが、尹氏の場合、スマホを全面的に愛用していたようだ。あるとき、ソウルの外交団がスマホの通信用アプリ、カカオトークで、尹大統領のアカウントを見つけた。どうせ、公式アカウントだろうとは思いつつ、「大統領、こんにちは！」とメッセージを送ると、ほどなくして「ああ。何か用かね」という返事が返ってきたという。関係者は「おそらく、尹氏は数台のスマホを持っていて、側近たちとの連絡用や秘話装置が付いた緊急用、一般との連絡用など、シチュエーションに応じて使い分けていたのではないか」と語る。

その尹氏は、スマホを使ってユーチューブを視聴していたようだ。スマホもパソコンも、自分の好みに合わせて使っていると、アルゴリズムによって同じ傾向の番組やニュースを優先的に表示するようになる。尹氏はますます、「正しい自分」「正しくない野党・進歩勢力」と位置付けるニュースや番組ばかりを視聴することになったようだ。韓国政府関係者も「尹大統領は元々、進歩系のメディアには目を通していなかった。保守系のメディアも時々、尹氏の耳に痛い記事を載せることがあり、徐々に遠ざけるようになったようだ」と語る。

## 「反国家勢力」という言葉を使い始めた

尹氏の「異変」にいち早く気付いた一人が、進歩系のハンギョレ新聞の元東京特派員で、韓国内の対立の源流を追った著書もある吉倫亨《キルユンヒョン》同紙論説委員だった。吉氏は2023年8月15日の光復節（日本統治からの解放を祝う記念日）に際して行われた尹氏の演説を聴いていて、「おや」と思った。尹氏は演説で「共産全体主義に無分別に従い、創作宣伝で世論を歪曲し、社会を混乱させる反国家勢力が、大手を振っている」と語った。尹氏が「反国家勢力」という言葉を使ったのは、これが初めてだった。「反国家勢力」という言葉は、極右系ユーチューバーらが好んで使う言葉の一つだ。吉氏も、尹氏が検察出身で、白黒をはっきりさせたがる二分法的な考えを持っている人物だと聞いていた。「他人の意見を聞かない」という評判も耳にしていた。ただ、特定の思想はなく、極端な世界観を持った人物という印象はなかった。

吉氏は「尹氏が極右的な考えを持つようになったのは、大統領就任後だったようだ」と語る。吉氏も「尹氏が極右系のユーチューブチャンネルをいつも見ている」という話を聞いていた。非科学的な話をする占い師、(李《イ》) 天空《チョンゴン》氏と、大統領選前に付き合いがあったことも、尹氏自身が明らかにしていた。吉氏は「妻の金建希氏が占い好きで、影響を受けているという話も聞いたことがある。こうした状況が尹氏に影響を与えたのかもしれない」と語る。

吉氏らは23年8月の尹氏演説を聴き、進歩系勢力への検察・警察による捜査と弾圧が始まるのではないかと身構えたという。24年9月に、金龍顕大統領警護室長が国防相に就任すると、「尹氏が戒厳令を考えているのではないか」という懸念の声も進歩陣営から上がった。前任の国防相が就任から1年も経たずに交代したことや、警察を担当する行政安全相と軍を担当する国防相が、共に尹氏の出身高校である沖岩高校の同窓になったこと、この2人の閣僚が戒厳令について大統領に建議する資格があることなどが根拠だった。尹氏らは当時、「戒厳令など考えたこともない」と語っていたが、戒厳令を巡る懸念はその3カ月後に現実のものになった。

そして吉氏は、戒厳軍が中央選挙管理委員会に入った事実が、尹氏が極端な思想に染まっていたことを証明していると語る。尹氏は24年12月12日の対国民談話のなかで、北朝鮮から23年下半期に選管などへのハッキング攻撃があったと指摘。国家情報院が点検しようとしたが、選管が点検を拒んだなどと主張し、「民主主義の核心である選挙を管理する電算システムがこんなにでたらめなのに、どうして国民が選挙結果を信頼できるのか」と訴えた。

ただ、国情院は戒厳令騒ぎの後の国会報告で、中央選管に対するハッキングの事実やシステムの脆弱性については認めたものの、与党が大敗した24年4月総選挙の結果などで不正があったとは確認できないとした。吉氏も「不正選挙の疑惑を指摘した大手メディアはない。選管は中立だし、何より、24年総選挙は、『国民の力』が与党で迎えた選挙で、与党に不利な不正などできるはずがない」と主張する。そのうえで「戒厳軍が選管に入ったのは、尹氏や金龍顕氏らが偏った情報や思想を持っていた証拠だと思う」と語る。

実際、「不正選挙」の主張は一部のユーチューバーに限られていた。尹氏が主張した「選挙の不正疑惑」は、かつて朴槿恵元大統領が弾劾されたときに職務を代行した黄教安《ファンギョアン》元首相がユーチューブなどで唱えていた主張とほぼ同じだ。黄氏は「インターネットを中央選管のサーバーに接続させ、投票の分類器を不正操作している」などと主張していた。黄氏も尹氏と同じ、検察官出身だ。

また、戒厳令の際に存在したとされる「逮捕リスト」には、最高裁長官だった金命洙氏と、権純一《クォンスンイル》元最高裁判事が含まれていたという。「共に民主党」の李在明代表が2020年当時、公職選挙法違反に問われ、1審・2審では有罪判決が出たが、最高裁は差し戻しを命じた。その判決に携わったのが、権純一判事だった。その当時の最高裁長官で、差し止めを認めたのが金命洙氏だ。韓国では、尹政権がこの2人を拘束して取り調べ、「あの時の判決は間違っていた」「文在寅政権下での政治的な圧力の結果だった」と言わせようとしたのではないかという見方も浮上した。こうした「李在明裁判を巡る不当判決疑惑」も、多くの政治系ユーチューブチャンネルが取り上げて来た素材だった。

## エコーチェンバー現象

日本でも、尹氏の言動に違和感を持った専門家がいた。陸上自衛隊東北方面総監を務め、情報戦など非軍事手段も使ったハイブリッド戦に詳しい松村五郎元陸将は、戒厳令を布告すると宣言した12月3日の尹錫悦氏の発言を聞きながら、「普通の状態ではない」と感じた。尹氏は当時、「国会は犯罪集団の巣窟だ」「国会が自由民主主義体制を崩壊させるモンスターになった」「破廉恥な従北・反国家勢力を一挙に取り除く」などと語っていた。松村氏は「こうしたセリフは、極右傾向のユーチューバーやインフルエンサーらが好んで使う表現だ。誰も予想しなかった非常戒厳の宣布をした背景には、一種異様な精神状態があったと感じた」と語る。

松村氏によれば、現代では、感情的な思い込みが、冷静な論理的思考に勝つ現象が、世界のあちこちで起きている。25年1月に2期目の政権をスタートさせたトランプ米大統領を支持する陰謀論集団「Qアノン」が唱える「ディープステート論」もその一つだ。ブレグジット（英国の欧州連合離脱）の際、英国で一時的に高まった感情もそれにあたるという。

松村氏は「こうした心理現象が注目されるようになったのは、1980年代から唱えられ始めた行動経済学が最初だ」と説明する。従来の古典経済学は「人間は合理的な損得勘定で動く」と主張していたが、行動経済学は「人間は色々な感情に影響され、必ずしも論理的に行動しない」という事実を証明した。イスラエルの心理学者カーネマン氏が唱え、2002年にノーベル経済学賞を受賞した。すぐに広告業界で、「人々に物を買わせるにはどうしたらいいか」という戦略において、行動経済学が活用された。松村氏は「広告は論理的な説明よりも感情に訴える方がより効果的。最近はSNSの情報技術と結びつき、マイクロターゲティングに発展した。スマホに出てくる広告は、見る人によってすべて違うからだ」と語る。

経済界で先行した現象が、最近は政治の世界にまで浸透している。「世の中を動かすためには、論理的な説得よりも感情的に動かす方が手っ取り早い」という考え方だという。松村氏は「2024年の兵庫県知事選ではPR会社によるプロモーションが話題になったが、自民党も野党もPR会社を活用している」と指摘する。特にこうした現象は、二大政党制の国で激化しやすいとされる。「好きか嫌いかという感情的な対立に中間的な立場はありえず、2つの陣営の極端な対立につながるからだ」（松村氏）。

松村氏は「尹氏の場合、こうした感情対立を利用する側にいたのではなく、自らが感情的に動く状況に陥ってしまったと言える」と語る。

こうした現象について、松村氏は「尹錫悦氏はエコーチェンバー現象に陥った」と語る。「エコーチェンバー現象」とは、自分と似た価値観や情報、主張だけが繰り返し流れる空間に閉じ込められる現象を指す。スマホではアルゴリズムにより、自分の主張と似たニュースばかりが出てくる。エコーチェンバー現象は、すでに一般の人に起きている。

防衛研究所の足立吉樹副所長（陸将補・当時）によれば、人々の認知領域に働きかける手法は孫子の時代から存在していた。第2次世界大戦でもヒトラーのプロパガンダ演説、軍による拡声機やビラを使った宣伝戦などが行われた。テレビの時代になると、ボスニア紛争では、ボスニア政府が契約したPR会社が「民族浄化」「強制収容所」といった衝撃的なキーワードを使って国際世論を味方につけた。そして、近年の技術の進歩で、パソコンや携帯電話などのデバイスとそれを結ぶ高速ネットワーク、更にソーシャルメディアなどのプラットフォームを使った手法が急速に発展した。

足立氏は「大量の情報を速く、広く拡散できるようになり、認知戦や情報戦の手法が格段に進歩し、各国や非国家主体に広く利用されるようになった」と語る。２０１０年に始まった中東の民主化運動「アラブの春」などでもソーシャルメディアが大きな役割を果たした。同時に、事実ではない情報も大きな影響を与えるようになった。足立氏は「現在は、人工知能（ＡＩ）に支援されたソーシャルメディアの利用拡大で、個人の認知領域への働きかけが以前より格段に容易になっている」と警告する。それが、エコーチェンバー現象や、インターネット上で泡（バブル）に包まれたように、自分の見たい情報しか見なくなるフィルターバブル現象を引き起こしている。

韓国の戒厳令騒ぎは、こうした問題を更に深刻なものに引き上げた。松村五郎氏は「エコーチェンバー現象が政治指導者、戒厳令を宣布できる大統領にも起きたということが恐ろしい」と指摘する。最高指導者が陰謀論に感染したというわけだ。「尹氏は予算案否決や、閣僚や政府高官に対する弾劾などで、非常に厳しい状況に置かれていた。近しい側近と話をしたり、ユーチューブやSNSを見たりするなかで、自分にとって心地よい空間に逃げたくなったのだろう。それが人間の心理だ。自分を支持し、反対勢力を極端に貶《おとし》める声が心地よく聞こえ、最後には飲み込まれてしまった」（松村氏）。

松村氏は「与党政府とはいえ、内部には様々な人がいたはずだ。しかし、尹氏は自分の意見に同調する声だけを聴くようになってしまった。ガラント国防相を解任するなど、自分と意見の合わない人を次々に排除したイスラエルのネタニヤフ首相とも似ている」と指摘する。

尹氏が戒厳令を協議したのは、「沖岩派」と呼ばれる沖岩高校同窓の側近たちだった。そうではない側近たちも、自分に与えられた権力と地位を守るため、大統領に身を挺した諫言ができなかったようだ。しかし、尹氏は国家情報院という世界でも指折りの情報機関を抱えていた。自らがユーチューブで見聞きした「陰謀論」について、その正邪を問うことも十分可能だったはずだ。

これについて朝鮮日報は、尹錫悦氏は戒厳令を出した12月3日夜、趙太庸《チョテヨン》国情院長に「国民の力」の韓東勲代表らを逮捕するよう指示したが拒否され、次に洪章元《ホンジャンウォン》第1次長（当時）に逮捕を指示し、これも拒否されたと伝えた。国情院はこの報道を否定したが、尹氏自身が国情院も検証できていない「選挙不正」などを理由に戒厳令に踏み切ったことを12月12日の談話で明らかにした。

松村氏は「個人が視聴する空間まで制限できないが、ちゃんと議論する場から逃げないことが重要だ」と語るが、尹氏は12月3日の閣議をわずか5分で打ち切った。議論を最初からする考えがないほど、追い詰められた状況に陥っていたと言える。松村氏は、こうした悲劇を繰り返さないために、個人単位で浸透している「アンガーマネジメントの6秒間ルール」を社会的なシステムに発展させていく必要があると指摘する。「腹が立ったら、冷静に六つ数えて怒りの感情が収まるのを待つ。そうすれば、冷静に対処できる」というものだ。

**最高飲酒記録は26杯**

尹氏は酒の飲み方も乱暴だった。尹氏は元々酒豪で知られるが、ストレスがたまり始めると、部下を酒席に誘う回数も増えた。尹氏の外交ブレーンによれば、尹氏は日中から、部下に「オヌル・ムォ・ハニ（今日はどうするんだ）」と尋ねていたという。ブレーンは「大統領から誘われて、約束がありますからと断る人間など誰もいない。大丈夫です、とみな即答していたと聞いた」と語る。酒席は、ソウルの景福宮近くにある三清洞《サムチョンドン》の安家《アンガ》と呼ばれる大統領専用施設などで行われた。尹氏はサムギョプサル（豚の三枚肉）やカルメギサル（豚の赤身肉）がお気に入りで、それを肴に、ソメ（焼酎＝ソジュとビール＝メクチュを混ぜた爆弾酒）を飲むことを好んだ。複数回、酒席を共にした元閣僚は「普通のソメは、小さなショットグラスに半分焼酎を入れ、それをビールグラスに三分の一ほど注いだビールに混ぜて飲む。ところが、尹大統領はショットグラス一杯に注いだ焼酎をビールに入れ、ビールグラス一杯に入った爆弾酒を20杯ほどあおった」と語る。別の知人によれば、尹氏の最高記録は、映画「ソウルの春」で正義の味方の将校役を演じたチョン・ウソンと飲み比べて引き分けに終わったソメ26杯だという。元閣僚は「大統領は平気かもしれないが、付き合うこちらはたまったものではない。いつもフラフラになった」と語る。

尹大統領の酒は暴力的でもないし、明るい酒だというが、それでも酔いが回るにつれて、愚痴や批判が増えることがしょっちゅうだった。野党議員ばかりか、時には与党議員にも不満の矛先が向けられた。「ミッチンノム（いかれた奴）」「ケーセッキ（犬野郎）」などのスラングを交えながら、尹氏の怒りの酒が続いた。酒席はしばしば、未明の時刻にまで至り、専用施設周辺を警備する要員から愚痴や不満の声も聞かれたという。尹氏は24年4月の総選挙前後から、「戒厳令」という言葉を口走るようになった。元閣僚は「ストレスがたまったうえでの冗談だと思った」と語る。ただ、この話は別の関係者も聞いていた。こちらは大統領室に勤務する知り合いの職員から聞いた話だったが、職員らが、「総選挙の情勢が思わしくありません」と水を向けると、大統領は「そんなもの戒厳令をやれば一発で逆転だ」と語っていたという。こちらも職員たちは「酔ったうえでの冗談だろう」と考えていたという。

尹氏は酒席でユーチューブについてもたびたび言及していた。酒席を共にした元閣僚は「ユーチューブばかり見ないで、大手メディアの論調に気を配り、民心（世論）がどのあたりにあるのかに心を配るべきだ」と助言したが、尹氏は大声で怒鳴るばかりで、聞く耳を持たなかったという。

**「春ごろから戒厳令を考えていた」**

尹氏の戒厳令に対する執着は徐々に大きくなっていった。韓国の元政府高官は24年8月、大統領室に勤める後輩から、「何か大きなことが起きるだろう」という謎めいたメッセージをSNSで受け取った。元高官が後日、後輩に会ったときに、この件を尋ねたが、それ以上何の説明も加えなかったという。元高官は「今思うと、あれは尹大統領が休暇から戻った直後のことだった」と語る。尹大統領は8月5日から9日まで慶尚南道《キョンサンナムド》巨済《コジェ》の楮島《チョド》にある大統領専用の別荘などで休暇を取った。尹氏は翌10日、国防相に高校の1年先輩の金龍顕氏を起用する考えを周囲に伝え、12日に発表した。元高官は「尹氏は春ごろから戒厳令を考えていたが、当時の国防相から強く反対する考えを伝えられたそうだ。それで警護室長で腹心中の腹心だった金龍顕氏を、戒厳令を建議できる立場の国防相に起用したのだろう」と語る。

今後の捜査や裁判を待つ必要があるが、今回の韓国の戒厳令騒ぎは、尹氏の個人的な暴走から起きた事件だったという見方がほぼ定着しつつある。ただ、この状況を、ロシアや中国、北朝鮮などは重要な参考情報として研究するだろう。例えば、中国が台湾統一を目指すため、統一に否定的な民主進歩党政権が台湾市民に銃を向けるような状況を作り出そうとしないとは限らない。

## 朴槿恵やトランプとの違い

韓国の野党、「共に民主党」は戒厳令を受け、尹氏の弾劾に向けて動き出した。12月7

日の弾劾訴追案は、議会への出席者が弾劾に必要な議員定数（300人）の3分の2（200人）に達せず、採決に至らなかった。この日午前、尹錫悦大統領が戒厳令解除後に守っていた沈黙を破って対国民談話を発表。国民への謝罪や、戒厳令を再び布告しないこと、自分の任期や仕事を政府と与党に任せるといったことを述べた。このとき、私はちょうどハンギョレ新聞の吉倫亨論説委員と通話中だった。吉氏は尹氏の談話を聞いた瞬間、「今日の弾劾可決はなくなった」と語った。尹氏が約束したことは、すべて与党「国民の力」の韓東勲代表らが尹氏に要求していた事項だったからだ。案の定、与党議員は3人だけが本会議場に姿を見せたが、残りは採決に加わらなかった。

野党側は毎週、尹氏の弾劾訴追案を出す方針だった。ソウルの知人は翌週の12月10日火曜日、「国民の力」の所属議員数人と夕食を摂った。ここで議員たちは「今週（14日）の弾劾はなんとか否決できるだろうが、21日はわからない」と語っていた。韓代表らは「早期かつ秩序ある退陣」を表明し、憲法の改正を通じて大統領の任期を「1期5年の単任制」から「2期4年」に変更したうえで、尹政権の幕引きを図ろうとした。時間をかければ、「戒厳令は尹錫悦大統領個人の犯行であり、保守勢力とは別物」という認識も広がり、場合によっては野党の李在明氏の公職選挙法違反の有罪が確定して李氏が大統領選の被選挙人資格を失うかもしれない、と考えたようだ。

しかし、尹錫悦氏が12月12日に戒厳令後、2度目になる対国民談話を発表。保守陣営のわずかな望みをぶち壊した。尹氏は7日の談話のしおらしい態度から一変し、野党と北朝鮮などとのつながりを暗示しながら、「最後まで闘う」と宣言した。尹氏は捜査の手が自分に伸びてきていることを実感し、口を封じられる前に闘う決意を表明したかったのかもしれない。韓国司法当局は10日、金龍顕前国防相を内乱罪の疑いで逮捕した。逮捕状には、尹氏が「内乱の首謀者」と明記されていた。11日には、司法当局が大統領室の家宅捜索を目指して、大統領警護室とにらみ合いを演じた。

韓東勲氏は12日、「国民の力」の議員集会で、「早期かつ秩序ある退陣」方針を放棄し、弾劾に賛成する考えを示した。ところが、ここで奇妙な現象が起きた。当時、世論調査では尹氏の即時弾劾を求める世論は75％程度まで増えていた。しかし、「弾劾賛成」と訴えた韓東勲氏に対し、「お前もやめろ」という野次が、「国民の力」の議員団から上がった。

この日、党ナンバー2の院内代表を決める選挙があったが、総投票106票のうち、尹錫悦氏側近として知られる権性東《クォンソンドン》氏が72票を得て当選した。権氏は同日、弾劾に反対する考えを示した。

結局、14日の韓国国会で尹錫悦大統領に対する弾劾訴追案は賛成２０４票で可決された。しかし、これは１０８議席を持つ与党からの造反議員が12人程度しか出なかったことを意味する。韓代表のグループは20人前後といわれ、韓氏は自分の勢力すらまとめることに失敗した。韓国外務次官補を務め、日本の事情にも明るい沈允肇《シムユンジョ》元議員は「韓国の保守勢力は分裂するかもしれない」と語る。保守勢力の金城湯池と言われる「ＴＫ（大邱《テグ》・慶尚北《ブク》道《ト》）」「ＰＫ（釜山・慶尚南道）」選出の議員たちは、野党勢力への対抗心が強い。尹氏が出した戒厳令に反発する一方、その原因となった野党の乱暴な国会運営を苦々しく考えている議員も多い。これが、同じ弾劾騒ぎでも、収賄事件によって支持率が４％程度まで下がった朴槿恵元大統領と、政治闘争が原因になっているため支持率が最低時でも11％程度で持ちこたえた尹錫悦大統領との違いなのだという。

一方、尹氏は12月12日の談話を「私は最後の瞬間まで国民の皆さんと一緒に闘います」という言葉で締めくくった。同月14日の弾劾直後に出した談話の最後でも「私たち皆、大韓民国の自由民主主義と繁栄のために力を合わせましょう」という表現を使った。ソウル市立大の黄智煥《ファンジファン》教授は「２０２１年１月の米国会議事堂襲撃事件でのドナルド・トランプ氏の言葉を思い出した」と語る。２０２０年大統領選でバイデン氏に敗北した結果を信じないトランプ氏は当時、支持者たちに対して議事堂に向かうように呼び掛けた。黄氏は「尹氏は、国民を結集させようとしているのではないか」と語る。

もちろん、トランプ氏と尹氏では、政治手法も置かれている政治環境も全く違う。トランプ氏は、「中国」「不法移民」といった「仮想敵」を作りだし、自分がこうした敵を退けることで支持者たちが幸せになれると主張する。米国政治に詳しい日本の専門家は「トランプ氏は、どのボタンを押せば、民衆がトランプ氏に票を入れたくなるのかを熟知している」と語る。また、米国には経済的に苦しい生活を送る白人層など、トランプ氏の主張に共鳴しやすい有権者も多数存在した。

これに対し、尹氏の主張は、まさに戒厳令が何度も出された1979年までの古い思想と同じだ。「巨大野党」(「共に民主党」)を生み出したのは、国民の投票行動の結果だ。慶応義塾大学の小此木政夫名誉教授も「反対勢力を戒厳令で排除しようというのは、政治家ではなく検事総長の発想だ」と指摘する。異論を許さない尹氏の政治行動は、日韓関係の改善などの点では一定の評価を得たものの、全体的には「独善的だ」という批判を浴びてきた。

過去、弾劾決議を受けた盧武鉉大統領は、自身への世論の高い支持を知っていたようで、毎日静かに読書して過ごしたという。朴槿恵大統領は、自分も知らなかった友人の不正行為が原因で弾劾され、茫然自失の状態だったという。尹氏は自ら憲法裁判所の審理に出席するなどして、自分の正義を最後まで主張する姿勢を貫いている。

もちろん、韓国の人々は、尹氏の闘争に共鳴しないだろう。尹氏は7日の談話で国民に対する謝罪の言葉を口にしたが、12日には一転、強気の姿勢に転じた。韓国市民は尹氏の7日の謝罪は口先だけのものだったと受け止めている。尹氏が心からの反省や謝罪を示さなければ、国民の怒りはますます高まるだろう。

## 尹と韓国の運命

いずれにしても、保守は一枚岩ではない。韓国保守勢力は軍事独裁政権の時代に造りあげた日米などとの外交チャンネルや財界とのパイプ、さらには保守の地盤への優先投資などによる強固な支持を背景に、勢力を維持してきた。1987年の民主化後は、こうした韓国政治を独占した保守への反発が一般大衆による闘争という形で盛り上がった。2003年から08年まで大統領を務めた盧武鉉氏、盧政権で大統領秘書室長を務め、17年から22年まで大統領を務めた文在寅氏などがその象徴だった。その間、保守は自己改革に失敗し、尹氏はユーチューブなどの仮想空間に逃げ込んだ。これから、本当の自己変革が求められるのは韓国の保守勢力だろう。韓国の野党政治家は「保守は今度、自己変革に失敗すれば、慶尚道《キョンサンド》だけを基盤にする地域政党に転落してしまうかもしれない」と語る。

一方、尹氏とその側近たちにもつらい未来が待っている。すでに、金龍顕氏のほか、呂寅兄軍防諜司令官、李祥敏《イサンミン》行政安全相、戒厳司令官を務めた朴安洙陸軍参謀総長、警察庁の趙志浩《チョジホ》長官、ソウル市警察庁の金峰埴《キムボンシク》長官（いずれも当時）らが内乱容疑で次々と逮捕・告発された。内乱罪の刑罰は「5年以上の懲役・禁固」「無期懲役・禁固」「死刑」のいずれかになる。また、その首謀者の刑は「無期懲役・禁固」か「死刑」しかない。韓国司法当局は24年12月31日、内乱罪の疑いで尹氏の拘束令状を取り、翌25年1月15日に拘束した。尹氏は京畿道《キョンギド》義王《ウィワン》市のソウル拘置所に収容された。1月19日には正式に逮捕された。早ければ憲法裁判所による弾劾訴追案の認定により、25年春には大統領を罷免されるかもしれない。仮に憲法裁が弾劾訴追案を否決したとしても、それで尹氏が戒厳令を主導したことが清算されるわけではない。

過去、「死刑判決」を受けた韓国大統領経験者は、1996年8月26日、内乱罪を巡る第1審で死刑判決を受けた全斗煥氏、大統領に就任する前の野党指導者時代にあたる80年

9月17日、韓国戒厳普通軍法会議で死刑判決を受けた金大中《キムデジュン》氏がいる。全氏は最終的に無期懲役に減刑され、97年12月に特別赦免されたが、追徴金2205億ウォンはそのまま科されることになった。金大中氏も82年に死刑の執行が停止されたが、それまでも拉致や逮捕、軟禁など、様々な辛酸をなめた。

韓国の知人はこう言う。「日本には、水に落ちた犬を叩くという言葉があるだろう。韓国の風土はまさにそれだ」と語る。別の知人は漫画やドラマを引き合いに出して、日本と韓国との違いを語る。「日本の漫画では、鳥山明さんのドラゴンボールもそうだが、昨日まで死闘を繰り広げたライバルが味方になり、明日からは友達として一緒に闘うというパターンがよく見られる。しかし、韓国ではそんなことはあり得ない。敵は最後まで徹底的につぶす。友情が芽生えることなど、絶対にありえない」

尹錫悦氏と妻、金建希氏は、政治闘争の渦中に放り込まれた。過去の例にあるように、いずれは政治取引や国際的な外聞などの事情から、再び社会に姿を現す時も来るだろう。しかし、それまでに辛酸をなめつくすことになる。社会復帰しても、金大中氏を除いて、過去の人々がそうだったように、表舞台には顔を出せないつらい日々が待っている。

# 第2章　権力者の軍隊から国民の軍隊へ

## 実弾を装塡しなかった戒厳軍

2024年12月の韓国と世界を揺るがせた戒厳令。韓国メディアは戒厳令解除後、最大野党「共に民主党」の白承婀《ペクスンア》議員が国防省から提出を受けた資料をもとに、戒厳軍の詳細を明らかにした。当時、韓国陸軍特殊戦司令部と首都防衛司令部が兵力輸送用バスや軍用オートバイなど軍用車両計107両や、UH60ブラックホーク軍用ヘリ12機などを使って移動した。特殊戦司令部からは、第707特殊任務団、第1空輸旅団、第3空輸旅団、第9空輸旅団、特殊作戦航空団などの兵員1139人が国会などに投入された。また、国軍防諜司令部も国会や中央選挙管理委員会の庁舎などに約200人を投入した。国会議員らを逮捕した場合、ソウル市内にある軍の戦争指揮施設「B1バンカー」で拘束する計画も立てていた。その他、首都防衛司令部や国軍情報司令部などからも兵員が動員された。

陸軍特殊戦司令部第707特殊任務団は防弾チョッキや暗視ゴーグルなどを装着。共に民主党の徐瑛教《ソヨンギョ》議員が韓国メディアに明らかにした資料によれば、第707特殊任務団には実弾3960発と空砲弾1980発など計5940発、標的に電流を通して動けなくするテーザー銃のカートリッジ100個などが支給された。これらは戒厳令当日の12月3日に弾薬を管理する部署から外部に持ち出され、翌4日に戻されたという。韓国軍は実弾を個人に支給せず、車両やヘリなどに保管していたと主張している。

また、戒厳司令官を務めた朴安洙陸軍参謀総長は12月5日、国会の国防委員会で、国会に投入された兵力の指揮を執った郭種根特殊戦司令官から、テーザー銃と空砲弾の使用を提案されたものの、認めなかったと証言した。郭種根司令官は12月10日の国会国防委で、尹大統領が秘密回線を使って電話し、「議決定足数にはまだ満たないようだ、はやく扉を壊して入り、中にいる人員を引きずり出せ」と話したと証言した。韓国司法当局が、金龍顕国防相（当時）に対する捜査結果として明らかにしたところによれば、尹大統領は3日夜、李鎮雨《イジヌ》首都防衛司令官（当時）に電話をかけ、「まだ（本会議場に）入れないのか。本会議場に行って、4人1組で1人ずつ背負って出てくるように指示しろ」「まだ入れないのか、一体何をしているのか、扉を壊してでも入って、（国会議員たちを）引きずり出せ。銃を撃ってでも扉を壊して入って引きずり出せ」と指示した。4日午前1時1分に、戒厳令の解除決議が可決された後でも、尹氏は李司令官に「国会議員が190人いたというが、実際に190人かどうか確認もできない」「解除されたとしても2回、3回戒厳令を出せば済む。引き続き進めろ」と指示したという。

尹氏の弁護士はこうした指示について否定している。郭氏の証言によれば、郭氏は尹大統領から指示を受けた後、現場指揮官らと空砲弾の使用や、本会議場への兵士突入の可否について協議した。そのうえで、現場指揮官らが、物理的強制力が伴う行動をとるべきではないと主張し、郭氏も同意したという。戒厳令の夜に撮影された映像からは、国会の外で抵抗する議員たちにつかみかかられた兵士の小銃に実弾や空砲弾を装填するカートリッジが差し込まれていない様子が確認できる。

こうした状況や、金龍顕国防相ら一部の側近の助言だけで尹錫悦大統領が戒厳令に走った状況について、朝鮮半島情勢に詳しい安全保障ジャーナリストの吉永ケンジ氏は「韓国軍が受けたダメージは深刻だ」と語る。

韓国の戒厳法によれば、大統領が戒厳を宣布する場合、国務会議（閣議）を経る必要がある。吉永氏は「戒厳の理由、種類（非常戒厳と警備戒厳）、対象地域と戒厳司令官を告示し、同時に国会に通報しなければならない。軍を監督する立場の国防相が戒厳に関与するのは、国務会議と戒厳司令官の推薦に限られる」と語る。金龍顕氏は自ら、「戒厳令布告文の原案を作成した」と語っているが、そもそも、自らに与えられた権限を逸脱していたことになる。

吉永氏は「韓国の国防相には予備役軍人が就任することが通例だが、身分はあくまで文民だ。そのため、軍事判断と政治判断の両方が求められる」と語る。「金氏は典型的な野戦軍人で、北朝鮮やスパイの摘発を担当する情報分野の経験がない。戒厳宣布にあった『反国家勢力による体制転覆』について、どの程度正確な認識を持っていたのか疑問だ」と指摘する。金氏は10年から13年にかけ、陸軍でも最大規模の陸軍第17歩兵師団長を務めたことがある。当時、金師団長の訓示を聞いた韓国の知人は、「詳しい言葉遣いは思い出せないが、冷戦期の考え方の持ち主だと思った」と語る。金氏は訓示で、北朝鮮を激しい言葉でののしり、撃滅しなければならないと訴えたという。

だが、出身高校の人脈がものを言う韓国で、金氏は沖岩高校で尹氏の1年先輩にあたる。金氏は尹政権発足後、大統領警護室長と国防相に就任し、最側近にまで上り詰めた。吉永氏は「金龍顕氏は文在寅政権当時、中将で退役させられた過去もある」と語る。軍で最高の地位まで昇進できずに心残りだった金氏と、軍に人脈を持たない尹氏がお互いを必要としたのではないか、と吉永氏はみる。

今回、戒厳司令官には、海軍出身の合同参謀本部議長ではなく、朴安洙陸軍参謀総長が就いたため、一部で「海空軍外しではないか」という指摘も出た。吉永氏によれば、今回も含めた過去17回の戒厳令ではすべて陸軍参謀総長が戒厳司令官に就任しており、定例の指名だったと思われる。ただ、戒厳司令部は常設ではなく、戒厳令布告後には、すべての政府機関が戒厳司令官の下に置かれることになる。吉永氏は「戒厳司令部発足の準備や行政機関との調整を考えれば、準備には最低でも数日間はかかるだろう。事前の綿密な計画がないまま、思いつきに近い形で戒厳令に至ったという印象を持った」と語る。

そもそも、12月3日当時の韓国は、韓国憲法第77条が戒厳令を布告する条件として挙げる「戦時や国家非常事態」といった状況になかった。1964年から99年にかけ、日本の外交官として韓国に断続的に駐在した町田貢元駐韓日本公使は「今回は過去の戒厳令とあまりに違うので、非常に戸惑った」と語る。町田氏によれば、過去の戒厳令は、国内がデモや焼き討ちなどで騒乱状態になり、警察力で抑え込めなくなった際に、軍を投入するために布告された。戒厳令が布告されると、大通りの交差点や駅、市役所前などに軍部隊が戦車と共に配置された。人々は発砲の危険を感じ、自然とデモや集会の動きが止まった。戒厳令は長くて1カ月ほどで、騒乱状態が収まるにつれ、戦車や部隊の数も減っていき、最終的に解除されたという。町田氏は「私の印象では、今回混乱しているのは韓国の国会に限られていた。国会の外では人々は秩序のある暮らしをしていた。集会を開いても法律違反を犯しているわけではない。そんな状況で、戒厳令を敷くという行為は理解できない」と語る。

吉永氏によれば、戒厳令を出す場合、通常、事態の推移を見ながら、「この時点で戒厳令を出さないと、北朝鮮の侵入を許す」といった逆算方式で準備するという。吉永氏は「今回は過去と全く異なった。韓国軍というより、尹氏に問題があったからだ」と指摘する。「過去の戒厳令と異なり、今回は文民大統領が外形上、憲法と法律に基づいて戒厳令を布告した。これはクーデターではない。問題なのは、『非常戒厳を出さないと国家の治安が維持できない』と考えた尹氏や金氏らの誤った情勢判断にあったと言える」（吉永氏）。

今回戒厳軍として投入されたのは特殊戦司令部の対テロ作戦部隊などで、精鋭で、素早く動くことができる部隊だった。しかし、そもそも、国会を占拠して国会議員を排除するのであれば、機動隊のような非殺傷の装備が適している。吉永氏は「この点からも戒厳宣布の準備不足を感じる」という。また、戒厳令当夜、特殊戦司令部要員たちが搭乗したブラックホーク軍用ヘリは想定した到着時間よりも約50分遅れた。原因については悪天候とも、途中で通過する空域がソウル・竜山の大統領室などがある場所で飛行制限がかかっていて調整に手間取ったとも言われている。たとえ悪天候であっても、戒厳令を出す時刻には国会に軍用ヘリが到着済みでなければならない。野党議員の一人は「本来なら、戦車などもトレーラーに載せて国会議事堂周辺に配置しておくものだ。戒厳令の発表とともに動き始めていては遅い。その点は幸運だった」と語る。金龍顕国防相に対する取り調べでは、尹大統領が戒厳軍関係者との通話のなかで、「だから私は戒厳令を出す前に兵を動かすべきだと言っていたのに、皆反対して」と怒ったという。

一方、特殊戦司令官が国会への部隊派遣に際して、「絶対に兵士に実弾を持たせるな」「国民の安全が最優先で絶対に被害が起きないことを作戦の重点とする」と指示したことについて、吉永氏は「司令官が、最高刑が死刑の抗命罪になる危険を冒してまで、軍と国民の衝突を回避したことで、韓国軍が権力者の軍隊から国民の軍隊に変わったことを印象付けた」と指摘する。国会に投入された兵士の中には「恥ずかしい」と告白した人も出た。「どの国も同じだが、軍は社会の縮図。将校や兵士も、民主主義社会で育ち、普通の韓国人と同じ思考を持っている。軍は国を守るために、最高指導者である大統領の指揮に従う。今回は、その大統領が間違いを犯したため、『その通りに動いていていいのか』という葛藤が生まれたのは当然だ」(吉永氏)。

一方、韓国軍内には、「2度目の戒厳令が出たら拒否する」という声も出た。吉永氏は「しかし、それは逆に、最高指導者の命令通りに軍が動かない事態を意味するため、むしろクーデターを容認する行為とも言える。今回、韓国軍は追い込まれ、大きな打撃を受けた。今回の混乱劇は、日米韓にも打撃を与えた。その一端を背負わされた韓国軍が気の毒だ」と語る。

## 「ソウルの春」とは何が違うのか

今回の戒厳令騒ぎについて、日本でも昨年夏に公開された映画「ソウルの春」を思い出したという声が、SNSなどで多く聞かれた。1979年10月に朴正煕大統領が暗殺された事件を契機に、戒厳令下の韓国で軍の実権を握った全斗煥元大統領らをモデルにした映画だ。映画では、ハナフェ（ひとつの会）という軍隊内部の私的組織を中心につながった軍人たちが、自分の出世欲・権力欲のために謀議を図る。自分たちを更迭しようとした戒厳司令官を拉致し、韓国大統領を脅迫して拉致を正当化し、軍の実権を握る。

当時の状況をよく知るハナフェのメンバーだった元韓国陸軍将校は、「映画はフィクションで事実関係とかなり異なる」と振り返る。全斗煥氏らが戒厳司令官を逮捕しようとして銃撃戦になったのは事実だが、動機が全く違うという。「全斗煥は当時、朴正煕暗殺事件の合同捜査本部長だった。戒厳司令官が暗殺当時、現場にいたという情報があり、事実解明をする必要があった。ただ、戒厳司令官は大将で、全氏は少将。物理的な実力行使に出ないと解明ができない状況で、仕方のない行動だった」と語る。全斗煥氏は翌1980年5月の光州事件では市民を虐殺した軍の責任者だった。韓国の元国会議員も「全氏は光州事件のため、何でも批判されることになった」と語る。当時、ソウルにいた日本外務省の複数の関係者も、「映画と事実は全く異なる」と証言している。

映画は史実に虚構を組み合わせた、ファクション(ファクト+フィクション)だったと言えるだろう。映画で、全斗煥元大統領をモデルにした軍人は叫ぶ。「失敗すれば反逆者、成功すれば革命だ」。「革命」という言葉は、朴正煕政権を支持した人々が好んで使う言葉だ。61年5月、当時の朴正煕少将らが実権を握った「5・16軍事クーデター」について、保守派の一部は今でも「革命」という言葉を使う。朴槿恵政権(2013~17年)当時、政権幹部が国会答弁で「5・16軍事クーデター」について、「クーデター」という言葉を使った。するとすぐに、朴槿恵大統領の側近から「なぜ、革命と言わないのか」と叱責する電話が入ったという。

## 旧日本軍から引き継いだDNA

朴正熙政権時代を知る韓国政府元高官は、当時の韓国軍の考え方について「一種のエリート意識があった」と語る。「政治が腐敗し、社会が混乱しているとき、代わりにエリート教育を受けた軍部が国を統治することが、当然の任務だと考えていた」という。朴正熙氏の側近だった金鍾泌《キムジョンピル》元首相の実兄、金鍾洛《キムジョンラク》氏によれば、「5・16軍事クーデター」の直前、参加する軍人たちが金鍾洛氏の自宅に集まり、謀議を重ねていた。話の内容はともかく、軍人たちからは私利私欲というよりも、救国の精神が強くにじみ出ていたという。こうした考え方について、在韓国の日本大使館で防衛駐在官として勤務した経験がある元自衛隊幹部は「自衛隊は敗戦で、旧日本軍との連続性が断たれたが、旧日本軍の一部だった韓国の軍人たちは、そのまま旧軍の考えを引き継いだ」と説明する。

防衛研究所の庄司潤一郎研究顧問は、戦前の日本で大正デモクラシーに代表される政党政治が行き詰まった原因として、1929年に始まった世界大恐慌を挙げる。当時、中国では「北伐」などのナショナリズムの台頭があり、日本では権益が奪われるのではないかといった「満蒙の危機」が叫ばれ、軍部の発言力が徐々に強まった。これに対し、政党政治はうまく対応できなかった。日本は当時、立憲政友会と立憲民政党の二大政党制だったが、政策よりも政権獲得のための党利党略に走ったため、汚職が頻発し金権政治に対する批判が高まった。こうした状況から、革新を目指す青年将校や国家主義団体による過激な行動が相次ぎ、最終的に5・15事件（1932年）によって政党政治は終わりを迎え、政党・軍・官僚・皇族などのなかから閣僚を選ぶ挙国一致内閣に移行した。

韓国の軍人たちは、こうした日本軍部のDNAを受け継いだ。戒厳令は、乱れた世の中を正しい方向に導くための正当な手段だと位置づけられた。目的がはっきりしていたため、戒厳令は迅速かつ粛々と実行された。軍事政権だったこともあり、軍部はみな、最高指導者である朴正熙大統領や全斗煥大統領らに対する忠誠心を競う状況にあり、我先に戒厳令を実行に移した。戒厳令実施に必要不可欠な機関とされた韓国中央情報部（KCIA、後の国家安全企画部、現・国家情報院）や検察・警察なども忠実に従った。2024年12月の戒厳令で国家情報院が実施に難色を示し、逮捕リストに司法関係者の名前も挙がったことは対照的だった。

ただ、全斗煥氏が1979年12月に企てた「12・12粛軍クーデター」当時の韓国軍は、18年余に及ぶ軍部独裁を経て、内部での腐敗が進んでいた。その象徴が、軍内部の私的組織ハナフェだった。ハナフェは、全斗煥氏やその後に大統領職を譲り受けた盧泰愚《ノテウ》氏ら、韓国陸軍士官学校11期生を中心に組織された。元メンバーによれば、陸軍士官学校の同期約３００人のうち、ハナフェの先輩軍人たちが「これは」と目をつけた10人くらいを勧誘したという。「陸軍士官学校の成績が優秀で、野戦軍司令官の素養があり、人品に優れている」などの条件があった。朴正熙大統領の出身地である慶尚道出身者が多数を占めたが、全羅道《チョルラド》出身者も１～２割ほどいたという。

ハナフェは非公然の組織だったため、他の軍人は誰がハナフェの会員なのかを知ることができなかった。会員同士は時々集まり、先輩軍人たちからの訓示を受けた。元メンバーは「常に韓国軍人の手本になれ、と言われた。そこで利権をあさるような言動は見られなかった」と語る。ただ、ハナフェには「自分たちは選ばれた軍人」という強いエリート意識があった。「ハナフェに入ったんだから、１スター（准将）以上になるのは当然だという感覚もあった」という。実際、全斗煥氏が大統領に就任した１９８０年、陸士36期生を最後にハナフェは新たな会員を募ることを停止した。元メンバーは「大統領まで出したんだから、もはやハナフェはいらないだろうということになった」と語る。

## 「救国」から「利権」へ

全斗煥氏は大統領に就任すると、政権前半期は閣僚や政府高官に軍関係者を多く起用した。こうしたことから、「ハナフェは仲間内で保安司令部や特殊戦司令部、大統領警護室などの要職を独占していた」という批判を受けることになった。朴正煕政権と全斗煥・盧泰愚両政権では、韓国軍内にある「軍絶対主義」の気風は同じだったが、軍が権力を握る理由が「救国」から「利権」へと変化していった。軍の人事は独自に行い、政治の介入を許さなかったが、その人事が「能力優先」から「利権優先」へと変質していった。ハナフェが衰退していった原因のひとつも昇進を巡る不満だった。元メンバーは「会員のなかで、昇進が遅れた軍人から、なぜ、ハナフェなのに昇進できないのかという不満の声が漏れるようになった」と語る。

当時、韓国軍全体の大多数を占める陸軍の権勢は絶大だった。国防省では、省内の枢要なポストのほとんどを現役の陸軍軍人が握っていた。当時の韓国軍関係者は「国防部《クッパンブ》(省)は陸防部《ユッパンブ》」とうそぶいてはばからなかったという。こうした「なんでも軍第一主義」と「軍内部のおごり」が、1980年に多くの市民が軍に殺害された光州事件の悲劇を生みだした。

## 韓国軍絶対主義を揺るがす大事件

1987年の民主化後に生まれた金泳三《キムヨンサム》政権は、新たなクーデターを防ぐためにハナフェを解体した。全斗煥、盧泰愚両氏は刑事被告人の立場に転落した。金大中政権（1998～2003年）は軍内部の少数派だった全羅道出身者を積極的・優先的に登用した。盧武鉉政権（03～08年）になると、韓国軍絶対主義を揺るがす事件が起きた。盧武鉉氏は、それまで軍が絶対に受け入れなかった「将軍人事への介入」を始めた。それまでの大統領は、軍が提出した人事をそのまま認可するのが習わしだった。「既得権との対決」を掲げた盧武鉉氏は軍や検察などを改革するため、将軍の人事にも口を出すようになった。

現代の韓国では、大統領が軍の人事に注文をつけることも珍しくなくなった。韓国で軍に対する文民統制が強化され、韓国軍内部でも民主化が進んだことが、今回の戒厳令で一人の死者も出さなかった大きな要因になった。韓国戒厳軍に参加した将校たちは、実弾などを持ち出したものの、輸送用ヘリや車両に残し、戒厳軍兵士たちに支給しなかったとしている。ユーチューブなどの映像を見る限り、戒厳軍兵士たちが国会議員や市民たちに暴力をふるう様子は見られなかった。光州事件での兵士の振る舞いとの大きな違いと言える。

ただ、副作用も起きた。軍が政治家の顔色を窺《うかが》う風潮だ。韓国軍には進歩系勢力が強い全羅道出身者もいたが、昔から軍内部の人事では冷遇されてきた。ところが、盧武鉉政権や文在寅政権では、進歩的な考えを持つ軍人たちが大勢、要職に就いた。文在寅政権は2018年9月、南北軍事境界線沿いの偵察行動などを禁じる南北軍事合意を北朝鮮との間で結んだ。当時、韓国軍内部では「北朝鮮の動向を正確につかめなくなる。信頼醸成もできなくなる軍備管理措置など、全く意味がない」という懸念の声が出たが、文在寅政権の幹部たちに押し切られた。北朝鮮は当然のように、合意違反の軍事行動をたびたび実施。23年11月に合意の事実上の破棄を宣言し、合意に基づいて破壊した南北非武装地帯内の軍哨戒所を復旧するなどしたため、尹錫悦政権が24年6月、合意の停止を宣言した。

また、24年12月の戒厳令を巡り、韓国軍将校らは、自衛隊など世界の軍人を啞然とさせる行動を見せた。国会に投入された戒厳軍を指揮した郭種根韓国陸軍特殊戦司令官は12月6日、陸軍の先輩にあたる「共に民主党」の金炳周《キムビョンジュ》議員のユーチューブのライブ配信に出演し、「本会議場から議員らを引っ張り出せ」という指示に従わなかったことや、再び戒厳令を命じられても従わない考えなどを示した。そして、郭氏は時折、涙ぐむ姿まで見せた。

この様子について、「早く真実を知りたいという韓国市民の要求に応える行為だ」と肯定的に受け止める関係者もいた。ただ、この番組を見た自衛隊関係者は「軍の士気を著しく下げる行為。涙ぐむような司令官の命令を誰が聞くというのか。軍全体を考えれば、ユーチューブに出演することなど、絶対にありえない」と語る。このほか、戒厳令に関わったとされる軍関係者らは一様に、「正しくない行為だった」「拒否すればよかった」と語ったが、辞任して命令を拒む姿勢を見せた軍人はいなかった。わずかに、金龍顕国防相（当時）が辞意表明後、韓国メディアへのショートメッセージで「安易な不義の道より、険しい正義の道を」と語った程度だった。

## 軍を悩ませる「パワハラ」と「少子高齢化」

過去の韓国軍人たちに比べ、現代の韓国軍人たちは気苦労も多い。政治家の顔色を窺わなければいけない場面が増えたことに加え、部下の管理も大変で、特別な利権もない。「どうやったら精強な部隊を作り上げられるか」という課題に集中できる状況ではないという指摘も多い。

軍隊内部では１９８８年のソウル五輪くらいまで、暴力行為も日常茶飯事だった。最近は、暴力行為は減ったが、代わりに「しごき」が横行している。腕の代わりに頭で支える腕立て伏せ、机の上に飛び乗ったり、降りたりする行為を延々と続ける「手榴弾」などだ。

一方で、こうした行為は「カプチル（パワハラ）」として、被害に遭った兵士が両親にすぐ通報する。2014年6月、韓国江原道高城郡《カンウォンドコソン》にある陸軍哨戒所近くで起きた陸軍兵士による銃乱射事件では、同僚の5人が死亡、7人が重軽傷を負った。この事件では、同僚たちによる犯人の兵士へのいじめが原因だったことが明らかになった。司令官は、こうした不祥事は自らの昇進に響くため、部下たちに「くれぐれもパワハラやいじめを放置しないように」と頼み込むことになる。逆に、何でもない上司の指示を、カスハラのように「いじめだ」と騒ぐ兵士もいるため、軍の上官たちは気が休まらないという。

また、韓国政府は17年8月、「ゴルフ兵」「テニス兵」と呼ばれる将校らのお世話をする兵士の廃止を決めた。韓国では当時、部下に深刻なパワハラを加えた軍将校が刑事事件として立件される騒ぎが起きていた。韓国政府は事件を受け、軍将校のお世話をする兵士ら約3000人を調査。「官舎内のサッカー場のゴールポストの製作やゴルフ練習場の修理を命じられた」「運転兵の技術が未熟だとして殴られた」などの回答があったという。そこで、政府は官舎で将校の世話をする「公館兵」113人を戦闘部隊に配置転換することにした。また、主に将校らが利用するゴルフ場やテニス場に配置されていた兵士59人を現場から撤収させた。パワハラ禁止の規則を作ったり、申告制度の充実を図ったりした。

「ゴルフ兵」や「テニス兵」は週末にスポーツを楽しむ将校たちのために、施設を管理したり、プレーの相手をしたりするのが仕事だった。一般兵士の間では、戦闘訓練を受ける時間が減るなどとして人気もあったが、世の中の流れで廃止が決まった。韓国軍元将校の一人は「テニス兵やゴルフ兵はともかく、料理兵まで廃止されて困った」と語る。韓国軍将校らは官舎に住むが、そこで韓国を訪問した各国の国防省・軍関係者のほか、韓国に駐在する武官団と広く交流する。しかし、料理兵の廃止によって、こうした人々を官舎に招いて会食やパーティーを開くことが難しくなった。元将校は「ケータリングを頼むか、(国防省内にある)陸軍会館で会食するしか方法がなくなり、非常に不便だった」と語る。

そして、韓国軍を悩ませる最大の問題が「少子高齢化」だ。2023年11月、ソウル市南部の軍演習場で風変わりな訓練が行われた。貸与されたヘルメットと軍服、軍靴に身を包んだ集団が、射撃や市街地戦闘などの訓練を行った。有事に韓国軍で服務できるよう、体験入隊を目的とした訓練だったが、参加した19人の平均年齢は60代半ば。最年少は58歳で、最高齢は75歳。58歳と59歳の女性2人も含まれていた。この訓練は、極端な少子高齢化に苦しむ韓国の世相を映し出していた。

大半がソウル首都圏の居住者。日本に比べ、年金などの高齢者福祉制度が十分ではないため、それぞれが手に職を持っていた。58歳の女性は清掃業、最高齢の75歳の男性はタクシー運転手だ。働いていることもあり、動作は機敏だった。M16自動小銃と同じ型のレーザー銃を使って約2メートル離れたスクリーンに映し出される動く標的を狙う訓練では、次々に標的に命中させた。2組に分かれ、やはりレーザー銃と受光装置を使って行われた市街地戦闘もこなした。訓練場を管理する韓国軍関係者が「(軍への服務終了後8年間登録される)予備軍兵士と遜色ない」と驚くほどだったという。

この訓練は韓国の独立法人「シニア・アーミー」が企画した。この団体は、少子高齢化時代のなか、高齢者も国家安保に貢献すべきだという考えのもと、23年6月に結成された。団体関係者は「韓国軍の兵力は約50万人だが、2040年には30万人程度になる。韓国軍も科学化や先端化を進めているが、130万人とも言われる北朝鮮軍との格差は大きい」と語る。韓国では、1人の女性が産む子供の数を示す合計特殊出生率(2023年)が0・72人になり、1970年以降の過去最低値を更新した。経済協力開発機構(OECD)加盟38カ国で最下位の数値だ。70年には100万人を超えていた出生数が、2024年は9年ぶりに上昇したが、約24万2000人にまで減った。韓国軍も無人機(ドローン)の導入や艦船の省人化を進めているが、限界がある。その一方、朝鮮戦争の休戦直後、陸海空軍ともに36カ月だった兵役は現在、陸軍・海兵隊が18カ月、海軍20カ月、空軍22カ月にまで減った。ただでさえ、兵力の維持に苦しんでいるため、兵士たちの「パワハラ」「セクハラ」申告には敏感にならざるを得ない。

## 軍人の質が低下する背景

また、今回の戒厳令は、保守政権が韓国軍と一体化した横暴という印象を与えたが、文在寅政権（17～22年）当時の韓国軍も手ひどいダメージを受けている。それは、18年10月、文大統領らが出席して済州島《チェジュド》で行われた国際観艦式を巡る、「旭日旗（自衛艦旗）掲揚拒否事件」と、同年12月、石川県能登半島沖を飛行していた海自P1哨戒機に対して韓国海軍駆逐艦「広開土大王」が火器管制レーダーを照射した「レーダー照射事件」だった。

旭日旗掲揚拒否事件を巡って、韓国側は「観閲時には、艦首と艦尾にはいかなる旗も掲揚してはならない」と通達。航行中は艦尾に自衛艦旗を掲げることを義務付けている自衛隊法について説明する日本側の主張を押し切った。ただ、海自艦艇は1996年9月に初めて韓国に入港して以来、2度の国際観艦式も含め、韓国側から「自衛艦旗の掲揚禁止」を求められたことはなかった。一部の韓国市民は「旭日旗は戦犯旗」と興奮し、進歩政権はその主張をそのまま受け入れた。自衛隊側は「ドイツ軍は鉄十字の紋章をそのまま使っているのに、自衛艦旗を受け入れないのはおかしい」とも説明したが、韓国側は無視を決め込んだ。当時、取材した韓国軍関係者は、つらい表情を浮かべながら「論理的に考えれば、日本の主張が正しい。でも、自分たちは、それ以上は言えない」と話した。

また、レーダー照射事件も、韓国の軍人たちに複雑な影響を与えた。日本側はP1哨戒機のレーダー探知機が韓国海軍の火器管制レーダーに反応して警報を流した事実を通報した。韓国軍は当初、「作戦活動中にレーダーを使用したが、日本の哨戒機を追跡する目的では使っていない」と説明。日本側が納得せずに、引き続き説明を求めると、突然「P1哨戒機が艦艇の真上を低空で飛行するなど、威嚇する態度を示したので、光学カメラを向けた。その横にある火器管制レーダーも自動的に動いたため、レーダー照射と誤解したのではないか」と言い出した。日本側は納得せず、2019年1月14日の協議で、韓国側が火器管制レーダーの照射事実や特性などのデータを、日本側がレーダー探知装置の記録データを、それぞれ米軍に提供して照合してもらうことを提案したが、韓国側は拒否して、物別れに終わった。

継続して協議すれば良かったのに、韓国国防省報道官が翌15日の記者会見で、「日本はわが軍艦のレーダー情報全体について（開示を）求めた。受け入れが難しく、大変無礼な要求だ。事態を解決する意思がない強引な主張だ」と非難した。これで、自衛隊側もぶち切れた。当時の河野克俊自衛隊統合幕僚長は後に、「無礼だという発言が無礼だ」と周囲に激怒したという。自衛隊は「これ以上、ケンカをしていてもらちが明かない」として、1月21日に防衛省がレーダー問題に関する最終見解を発表することで、日韓協議の打ち切りを発表した。

韓国軍のレーダー照射を巡っては当時、様々な分析や推測が飛び交った。当時、取材した韓国軍関係者のなかには「我々は絶対にウソはつかない」と強弁する人もいた。別の関係者は「当時の艦長が、日本に厳しい態度を取る文在寅政権の顔色を窺うか、あるいは自信を得て、目障りだと感じた海自哨戒機に半ばいたずらのようにレーダーを照射したのではないか」と語った。中には、「韓国軍がレーダー照射の事実を確認し、文在寅大統領に報告したが、今さら遅いとばかりに無視された」という根拠不明のうわさを披露する人もいた。いずれにしても、レーダー照射事件も、韓国軍が政治家の顔色を窺ったことが一つの背景だと言えるかもしれない。

韓国軍の元将校は、レーダー照射事件を巡る韓国国防省・軍の激しい反発について、

「ウソつきという烙印を押されたら軍が崩壊する。それを避けるための便法だったのではないか」と語る。これは尹錫悦政権でも引き継がれた。韓国国防省の副報道官は22年11月の記者会見で「当時、韓国軍のレーダー照射はなかったという立場を改めて申し上げる」と述べた。たとえ、政権が交代した後でも、昔の主張をひっくり返したら、もとの「ウソつき」に戻ってしまう。それは韓国の軍人として耐えられないことなのだろう。ここでも韓国軍は深い傷を負った。

こうした様々な要因が重なったうえでの職場環境の悪化が、韓国軍将校らの質の低下を招いているとも言えそうだ。

## 戒厳を助けた同窓生たち

一方、半世紀近く経っても変わらないものがある。人々の欲望を利用した「権力の私物化体質」だ。今回、尹錫悦氏が戒厳令について協議したとされる金龍顕国防相は、「現在の韓国軍の実勢《シルセ》（実力者）」と言われる陸士38期出身だ。前述のハナフェはすでに陸士36期を最後に会員募集を停止している。そして金氏や呂寅兄韓国軍防諜司令官、李祥敏行政安全相らは、みな尹氏と同じ沖岩高校の同窓生たちだった。

金龍顕氏がトップを歴任した大統領警護室、国防省、そして呂寅兄氏が司令官だった韓国軍防諜司令部は、それぞれ、「大統領の番犬」とでも言うべき、要の中の要と言えるポストだった。

大統領警護室は25年1月3日、尹大統領を拘束しようとしてソウル・漢南洞《ハンナムドン》の大統領公邸に向かった韓国司法当局と大立ち回りを演じた。警護室の要員約200人が司法当局約30人とにらみ合い、最終的にこの日の拘束を断念させた。警護室は大統領直属の政府機関。大統領警護法に基づいて設置され、大統領やその家族ら要人の警護が職務として規定され、数百人の警護要員と防護要員らで構成されている。警護要員は米大統領警護隊（シークレットサービス）と同じ役割を果たす。護身術や格闘術に優れ、銃器も扱い、大統領を身近で守る存在だ。防護要員は、大統領関連施設や滞在場所の内部にいて外部からの襲撃を防ぐ。さらに大統領警護室を支援する機関として、陸軍首都防衛司令部やソウル市警察庁に所属する部隊がある。

警護室は、最高権力に最も近い組織として様々な歴史を刻んできた。韓国で大統領の警備が強化される契機となったのが、1968年1月に起きた青瓦台（旧大統領公邸）襲撃未遂事件（1・21事態）だ。朴正熙大統領の暗殺を狙った北朝鮮軍特殊部隊が青瓦台付近に侵入し、銃撃戦となった。この事件を受け、警備や装備の抜本的な見直しが図られた。90年代に一時、前身の組織に勤務した元職員は「ソウルの真ん中でこんな武器を使うのかと驚くほどの重火器を備えていた」と証言する。

警護室長は大統領に任命されるが、忠誠心が強い側近が起用されることが多い。関係者は「警護室長は大統領の最後のとりでであり、時には縁戚関係がある人など、最も信頼の置ける人物が選ばれてきた」と語る。79年10月には、ソウルの安家と呼ばれる大統領専用施設で、朴正熙大統領と車智澈《チャジチョル》大統領警護室長が金載圭《キムジェギュ》韓国中央情報部（KCIA）部長によって殺害された。車氏は軍での経歴は大尉止まりだったが、朴大統領の最側近として権勢をふるった。KCIA部長も絶大な権力を持っていたが、金載圭部長は関係が悪化していた車氏によって権力から遠ざけられると危惧した末に2人を殺害した。

2022年5月に大統領に就いた尹氏は警護室長に金龍顕氏を起用した。金龍顕氏は軍合同参謀本部作戦本部長まで務めたエリートだったが、文在寅前政権当時に中将で予備役に編入され、不満を抱いていたとされる。尹氏の外交ブレーンも、先述の吉永ケンジ氏の見方と同じように「軍に人脈がない尹氏と、栄誉を取り戻したい金氏の利害が一致した」と語る。

## 防諜司令部は「大統領にとっての守護神」

韓国軍には情報を扱う部署として情報司令部と防諜司令部がある。吉永ケンジ氏は「防諜司令部の方が圧倒的に力を持っている」と語る。吉永氏によれば、情報司令部（司令官は少将）は国防情報本部（本部長は中将）の隷下にある。国防情報本部は各国に派遣された駐在武官や、シギントと呼ばれる通信、電磁波、信号などの傍受を利用した諜報活動を行う777司令部、主に北朝鮮に対するスパイ活動を行う情報司令部などから構成されている。これに対し、防諜司令部（司令官は中将）は、韓国にもぐりこんだスパイに対する防諜活動、韓国軍の監視、防衛産業の保安支援などを行う。吉永氏は「防諜司令部は大統領にとっての守護神とも言える存在。防諜司令官は、国防情報本部長や情報司令官よりも地位が上だとみるべきだ」と語る。

防諜司令部は元々、1979年12月に「12・12粛軍クーデター」を起こした際の全斗煥氏がトップを務めていた韓国軍保安司令部が源流だ。関係者らが「事実と違う」と文句を言う映画「ソウルの春」でも、ただ一つ、「あれは間違いない」と口をそろえるのは、保安司令部が韓国軍内の通信を統制し、盗聴を行い、情報を一手に握っていたという点だ。

保安司令部は91年に国軍機務司令部に改称された。筆者は２００７年から12年までの特派員時代の前半、機務司令部の要員と付き合った。要員の任務は、韓国軍が入手した北朝鮮軍事情報などを問題のない範囲で提供する代わりに、私の取材活動を監視することだった。ところが、10年ごろ、突然この要員は私との連絡を断った。そのころから、取材活動に対する監視が厳しくなった。ある時、韓国国防研究院のそばにあるカフェで、知人の研究員がやってくるのを待っていた。国防研究院の立ち入りにはパスポートの提示などが求められ、私との接触が漏れることを嫌った知人が、外部のカフェでの面会を希望したからだ。

午前10時に面会の約束をしていたが、10分経っても20分経っても知人は現れない。何かあったのかと思い始めたころ、私のスマホに知人から電話がかかってきた。知人は「今日は行けなくなった」と話した。理由を聞くと、知人は「カフェの窓のところを見てみろ」と答えた。窓を見ると、そこに耳に無線用イヤフォンを差し込んだ大柄な男の姿があった。機務司令部要員が、私と知人との接触に警告を与えるために行った威迫尾行だった。機務司令部要員は、わざと自分の姿を私に見せつけるよう、知人に命じたという。

北朝鮮だけではなく、韓国に駐在する外交団や武官団などに恐れられた機務司令部だったが、朴槿恵政権（２０１３～17年）当時、大きなスキャンダルに見舞われた。まず、14

年に発生した旅客船セウォル号沈没事故を巡り、遺族や市民団体関係者らを監視していたことが発覚した。さらに、16年12月に朴槿恵大統領（当時）が弾劾されたことを巡り、機務司令部が戒厳令を計画していたことも、後に明らかになった。文在寅政権当時の18年7月、大統領府報道官が、機務司令部が作成した戒厳令文書「対備計画細部資料」を公開した。そこには戒厳布告文のほか、国会の活動の阻止や報道機関に対する検閲、朴槿恵大統領の弾劾を求める集会が開かれていたソウル中心部・光化門に機甲師団を投入する計画などが含まれていた。まさに、24年12月の戒厳令と同じような検討を、機務司令部が行っていたことになる。文在寅大統領は18年9月、機務司令部を解体した。その代わりに発足したのが防諜司令部だった。

## 「戒厳令が近くあるから、備えろ」と伝えた軍OB

戒厳軍に加わった軍人らの証言によれば、尹大統領は24年夏には大統領警護室長だった金龍顕氏、呂寅兄軍防諜司令官との会合で、戒厳令について言及していた。呂氏は「戒厳令はいけません、と止めた」と証言したが、事件の数カ月前から、戒厳令という機密の中の機密を共有する関係になっていた。

一方、24年12月の戒厳令を巡る内乱罪を捜査している韓国司法当局の捜査によって、戒厳令の細部については、韓国軍OBのノ・サンウォン元軍情報司令官が主導的な立場を取っていた実態が明らかになった。ノ氏は陸軍士官学校で、金龍顕氏の3年後輩にあたる。朴槿恵政権で国軍情報司令官を務めたが、女性の部下に対するセクハラ問題で18年に司令官を解職され、19年に執行猶予付きの有罪判決を受けた。ノ氏は京畿道《キョンギド》安山《アンサン》市で占い師の仕事をしていたという。ノ氏は戒厳令の2日前の24年12月1日、自宅最寄り駅の近くにあるロッテリアで、文相虎《ムンサンホ》軍情報司令官（陸軍少将）と同司令部所属の大佐2人の計4人で面会した。ノ氏は「戒厳令が近くあるから、備えろ」と伝えたという。

韓国メディアによれば、司法当局が押収したノ氏の手帳に「NLL（北方限界線）で北朝鮮の攻撃を誘導」という内容が書かれていた。北朝鮮は24年10月に3度にわたって平壌《ピョンヤン》上空に韓国軍の無人機（ドローン）が飛来し、金正恩《キムジョンウン》体制を非難するビラを散布したと発表していた。尹政権の外交ブレーンの元韓国政府当局者によれば、市民団体が無人機を使って散布したが、韓国軍が機体の提供や飛行管制などを支援した。こうしたことから、韓国司法当局は、ノ氏らが戒厳令の布告を正当化するため、憲法第77条が戒厳令の条件として定める戦争状態などに準じた騒擾《そうじょう》事態を作り上げる意図があったのではないかとみている。

一方、軍人ではないが、やはり尹錫悦氏と同じ沖岩高校出身の李祥敏行政安全相（当時）も、12月3日夜に開かれた国務会議（閣議）で、金龍顕国防相とともに戒厳令を支持した。李氏を巡っては、22年10月に159人が死亡したソウル・梨泰院《イテウォン》の雑踏事故への対応を巡り、韓国国会が23年2月、李祥敏氏の弾劾訴追案を可決。尹氏が李氏の弾劾を拒否していた経緯がある。李氏は24年12月3日の戒厳令当夜、警察官らによる国会封鎖を進めたほか、同月6日の国会答弁で「大統領は憲法の手続きと法を順守する範囲で戒厳令を布告した」とし、尹氏の行動を正当化していた。

沖岩高校には苦情が殺到したという。同校の理事長は12月5日、尹錫悦氏や金龍顕氏、李祥敏氏について「恥ずかしい卒業生に100万回選定したい」とSNSで訴えた。

## 無惨な姿をさらした特殊部隊

今回の戒厳令を巡る混乱は、北朝鮮に大きなプレゼントとなった。北朝鮮が最も脅威を感じている韓国の弱点を研究する格好の素材を与えたからだ。その一例が、韓国戒厳軍が国会に投入した陸軍特殊戦司令部の第707特殊任務団だった。707特任団は1988

年のソウル五輪を契機に編成された対テロ作戦用の特殊部隊で、米陸軍のデルタフォースに相当するとされる。朝鮮半島有事の際には、北朝鮮に潜入し、金正恩総書記ら北朝鮮要人の拉致や暗殺を担当するとも言われていた。

しかし、12月3日夜、国会に投入された707特任団の姿は無様だった。防弾チョッキや暗視ゴーグルを装備した姿こそ、特殊部隊らしい格好だったが、国会の建物の周辺をウロウロし、時には国会議員らから猛烈な抗議を食らった。国会議事堂の窓ガラスを割って侵入したが、一人ずつ、おっかなびっくりに入っている姿には、迅速性のかけらも見られなかった。国会議事堂での作戦など想定していなかったからだろう。黒い布で顔の下半分を隠し、身元が割れないようにしていたのがせめてもの救いだった。北朝鮮はそれでも当時の映像を集中的に研究するだろう。707特任団のフォーメーションや指揮体系、輸送手段、装備など、参考になる情報が、映像のなかに詰まっているからだ。

また、北朝鮮も情報戦などの非軍事手段を交えたハイブリッド戦争について研究を進めているとされる。2024年10月、ソウル市内の各所で、北朝鮮が散布したとみられる尹錫悦大統領らを非難するビラが見つかった。このビラには、妻、金建希氏の写真とともに「知っていますか」というタイトルと、23年外遊時の衣装の値段について「ネックレス＝

4万6154ドル、ブローチ＝2万ドル」などと書かれたビラも含まれていた。これは、韓国市民が抱いている、金建希氏に対する不満をうまく反映した内容と言えた。過去、むやみやたらに韓国の指導者や市民をあざ笑い、韓国市民の苦笑を呼ぶだけだったビラとは比べ物にならないほど、洗練されていた。

そして、今回、尹大統領という最高指導者が極右系ユーチューブチャンネルの内容をそのまま反映したような主張を繰り返し、戒厳令を布告した。これは、北朝鮮が目指すハイブリッド戦争の究極の形態とも言える。今後、北朝鮮は、韓国の政権と市民、あるいは日米韓3カ国がそれぞれ内部で反目し合うような偽情報や誤情報を振りまくことになるだろう。

## これで北朝鮮に勝てるのか

果たしてこうした北朝鮮に、現在の韓国軍は立ち向かうことができるのか。韓国軍合同参謀本部は24年12月23日、「最近の北朝鮮軍動向」という資料を発表した。そこでは、北朝鮮が南北軍事合意の破棄後、活発な軍事挑発活動を続けていることに言及。ただ、韓国戒厳令については、「北朝鮮と韓国は別々の国家」とした新たな対南政策との整合性や、

「弾劾によって最高指導者が職務執行停止になる」という事態が北朝鮮市民に与える影響などを考え、韓国内の情勢を冷静に注視していると説明した。同時に、北朝鮮が南北軍事境界線沿いに40キロ以上の電気柵を敷設したことも発表した。

また、北朝鮮はロシアとの軍事協力を強化している。ロシアに1万1000人の北朝鮮兵士を派遣したほか、170ミリや240ミリの自走砲を提供。さらに、金正恩総書記が増産を指示した自爆型ドローンをロシアに提供する動きもあるとした。そのうえで、「2025年の北朝鮮軍の動向」として、ロシアとの軍事協力に集中するため、負担になる韓国との軍事衝突は避けるだろうと予測。同時に、ゴミ風船やGPS攪乱《かくらん》などのほか、中短距離ミサイルを発射するなどの軍事挑発を行う可能性があると指摘した。

また、米インド太平洋軍のパパロ司令官は2024年12月7日に開かれたフォーラムで、北朝鮮がロシアからMIG（ミグ）29戦闘機とSU（スホイ）27戦闘機を取得するだろうと述べた。両戦闘機は1980年代に運用が始まった第4世代戦闘機。金正日《キムジョンイル》総書記がかつて90年代にロシアにMIG29の供与を求めて断られた経緯がある。米韓連合軍が保有するF35ステルス戦闘機には勝てないものの、韓国軍のF15Kとは十分な戦いが可能だとする専門家もいる。北朝鮮は核・ミサイル開発を進めてきたが、戦車や戦闘機など通常兵力で米韓連合軍に全く歯が立たないとされてきた。だが、北朝鮮が一定の核兵器の保有に成功した今、米国による核抑止に神経を遣わず、通常兵力による軍事挑発活動を活発化させる可能性がある。

一方、韓国軍関係者を一様に暗い表情に追い込んでいるのが、２０２５年１月に再登場したトランプ政権だ。トランプ氏は就任前から、韓国側に在韓米軍の駐留費用の負担増を求めていた。国防次官に指名されたエルブリッジ・コルビー氏は「中国こそが米国にとっての最大の脅威」と主張。台湾有事の際、北朝鮮を最大の脅威と定めて来た在韓米軍を自由に転用する考えも示している。在韓米軍は陸軍が主体で、空軍も存在するが、海軍は司令部があるに過ぎない。韓国最大野党「共に民主党」で外交政策などを担当する魏聖洛《ウィソンラク》議員は「米国には、在韓米軍削減を制限した国防授権法があるが、米大統領が本気になれば、在韓米軍の改編や縮小も可能だろう」と語り、警戒心を隠さない。米軍が台湾有事を中心に据えた軍事シフトを取れば、在韓米軍を頼みにしてきた韓国軍は戦略の練り直しを迫られるだろう。

そして、もう一つの懸念材料が、北朝鮮の核・ミサイル開発に対するトランプ政権の対応だ。米政治ニュースサイト「ポリティコ」は23年末、「トランプ氏が大統領に就任する場合、北朝鮮の核保有を認めることを検討している」と報じた。トランプ氏は当時、この報道を否定したが、現実的な選択肢だと考えている米国の政府関係者や専門家は少なくない。トランプ氏は25年1月20日の大統領就任直後、北朝鮮を「核保有国（nuclear power）」と呼んだ。

米ランド研究所スタントン財団のベンジャミン・ヤング核セキュリティーフェローは、北朝鮮に全面的な非核化を求める政策は現実的ではないと指摘する。ヤング氏は「北朝鮮は、核兵器を公式に憲法に盛り込んだ。言い換えれば、核兵器は今や北朝鮮の政治・法構造と制度文化の一部になっている。北朝鮮が全面的な核廃棄を受け入れる兆しはない」と断言する。そのうえで、「北朝鮮が保有する核兵器の備蓄量を減らし、（一つの弾道ミサイルに、複数の弾頭を装備して異なる目標を攻撃できる）複数個別誘導再突入体（ＭＩＲＶ）の開発を制限することに焦点を当てるべきだ」と語る。これは、トランプ氏が好む「米国第一主義」と気脈を通じた考え方と言える。米本土を防衛できれば、日韓はどうなっても構わない、とも取れるからだ。

コルビー氏も、米韓両政府が23年4月、米国の核の傘を含む拡大抑止力の強化をうたった「ワシントン宣言」に懐疑的な考えを示す。北朝鮮が米本土を核攻撃できる能力を備えた以上、米国の都市が北朝鮮によって核攻撃される危険を冒してでも、北朝鮮による韓国への核攻撃の報復を行うことは、合理的ではないという考えだ。

もし、在韓米軍が大幅に縮小・再編され、米国の拡大抑止力が効かなくなる場合、韓国が取りうる道は多くない。場合によっては、韓国世論の7割が支持する独自核武装に踏み切るかもしれないが、そうなれば、国際社会の制裁を受けることで韓国経済は深刻な打撃を受けるだろう。

可能なら、同じように米国の孤立主義に悩まされている日本・自衛隊と協力する道もある。しかし、韓国軍は従来、日本や韓国の領土・領海・領空内での共同訓練を、友好親善活動を除いて認めていない。「なぜ、自衛隊を韓国に入れるのか」という韓国世論の反発があるからだ。自衛隊関係者も「米軍や豪州軍とは、一定の有事のシナリオを元に緻密な共同訓練を実施している。でも、韓国軍とはこうした機微なシナリオは共有できない。共同訓練も捜索救難やミサイル追尾といった基本的な訓練に限られている」と語る。防衛省・自衛隊は水面下で、朝鮮国連軍司令部に連絡将校を派遣したい意向を打診している。しかし、朝鮮国連軍司令官（在韓米軍司令官が兼務）は慎重な考えを示しているという。自衛隊に対する韓国の強烈なアレルギーに配慮しているとみられる。

韓国軍は今回の戒厳令騒ぎにより、当時の国防相や陸軍参謀総長、軍防諜司令官などが次々に逮捕された。16年の朴槿恵大統領弾劾当時に続き、軍内部でまたしても、戒厳令の検討がなされていたという事実は、韓国市民に衝撃を与えた。韓国軍が市民の信頼を再び得ることは簡単ではないだろう。

韓国軍は様々な歴史的な教訓を踏まえ、まさに「国民のための軍隊」に生まれ変わった。だが、その将来には茨の道が待ち受けている。

# 第3章　歴代大統領の栄光と末路

## 朴正熙、権力を競わせた挙句に暗殺された権力者

朴正熙《パクチョンヒ》大統領（1963〜79年）。日本統治時代は高木正雄を名乗り、満州国軍中尉として終戦を迎えた。韓国内で深まった政治の混乱や腐敗を背景に1961年5月、「5・16軍事クーデター」を主導して実権を握った。63年の大統領就任後は、65年の日韓国交正常化を推進。69年にニクソン米大統領が、地域の同盟国に更なる負担を求めた「ニクソン・ドクトリン」の前から、韓国軍部隊をベトナム戦争に派遣し、米韓同盟の強化に腐心した。米国から安全保障分野で、日本から経済分野でそれぞれ支援を受けることに成功し、金日成《キムイルソン》主席が率いる北朝鮮との体制競争に勝利し、「漢江《ハンガン》の奇跡」と称される高度経済成長を実現した。

朴正熙大統領の手法は「人権無視」「開発独裁」など、様々な批判を浴びた。韓国政治の専門家の一人は、朴正熙氏の手法の一例として「道路や鉄道をつくるときも、経済効率がすべてで人権など二の次だった。用地買収のための住民との交渉もなく、突然現れた重機がバラックをなぎ倒すことも日常茶飯事だった」と語る。それでも、経済に活気が出始めると人々の表情にも変化が生まれた。朴正熙氏が大統領に就任した翌年から、断続的に韓国に勤務した町田貢元駐韓日本公使によれば、64年当時のソウルは「灰色」という表現

がぴったりくる、生気のない街だった。金浦《キンポ》空港にある施設はバラックが一つだけ。ソウル市内はバラックが立ち並び、目立つ建物は旧朝鮮総督府と半島ホテル（現・ロッテホテル）、明洞《ミョンドン》聖堂など数えるほどだった。人々は仕事もなく、ノロノロと歩いていた。すれ違うと焼酎とキムチのにおいがしたという。そんな人々の足取りが、経済が成長するにつれて速くなり、「パルリパルリ（早く早く）文化」が生まれた。

朴大統領は61年5月16日に起こした軍事クーデターや72年10月の大統領特別宣言（10月維新）などで戒厳令を出した。朴大統領の側近だった康仁徳《カンインドク》元統一相は「朴正熙大統領は、戒厳令が必要とされる状況なのかどうかという判断に優れていた」と証言する。61年当時は、韓国社会が混乱し、子供までデモに参加するようなありさまで、ほとんど無政府状態になっていた。当時の尹潽善《ユンボソン》大統領自身、軍事クーデターについて「来るものが来た」と語ったという。

朴正熙大統領による戒厳令の準備も抜かりなかった。61年当時、第一線部隊などに戒厳令への反対論があった。事前に、金鍾泌《キムジョンピル》元首相ら陸士（陸軍士官学校）8期生らが中心になり、軍内部で綱紀粛正運動を行った。当初は米ケネディ政権が賛成するかどうか危ぶまれたが、金鍾泌氏が「韓国はこのままでは生き残れない」とした声明をまとめ、周囲の説得に成功した。

康氏は今回の戒厳令について「感情に任せた無計画な試みだった」と語る。すでに、韓国軍は61年当時の軍ではなかった。61年軍事クーデターに参加した軍人は、朝鮮戦争当時に米国に留学したトップエリートで、「国家のために」という意識を持っていたという。しかし、韓国軍は87年の民主化以後、「絶対に政治に関与してはいけない」と教えられてきた。大きな戦争の経験もない。康氏は「（状況に応じて有利な勢力の側につこうとする）機会主義的な人物が多いのが実情だ。最近、政治にこびる軍人が増えてきている」と語る。若い世代は民主主義の教育を受け、「国のために犠牲になる」という意識は低い。「国内政治に関心がなく、改革意欲を持つ人もほとんどいない」（康氏）。

一方、朴正熙大統領が権力基盤として軍とともに大いに活用したのが中央情報部（KCIA）だった。康氏によれば、61年クーデターに参加した軍人の多くがKCIAに入った。KCIAは当時、政策の方向性を決めるうえで大きな役割を果たした。康氏が担当した北朝鮮情報部門のほか、国内情報、国際情報の部門があり、それぞれ情報を収集して分析した。国内情報部門は、政治家、地方有力者、労組、大学、メディア、宗教団体などの情報を常に集めて、毎日、朴正熙大統領に報告した。康氏は「KCIAは弾圧や拷問で有名だが、それが全体像ではない。情報収集と政策の方向性を示すことが大半の役割だった」と語る。

康氏も毎日のように、朴大統領に報告書を上げた。多忙な大統領に配慮し、報告書には、様々な色の線を途中で入れた。「3分時間があればこの赤線のところまで、5分あるなら青線まで、10分なら黄線まで、という具合だった」（康氏）。毎日の報告書以外、特別な事案はブリーフィングを行った。康氏は49年当時、陸軍の情報分析官で、「来年春に北朝鮮が大規模な侵攻（朝鮮戦争）を行う」と予想した。こうした経歴もあり、朴氏は情報マンの康氏を可愛がった。康氏は期待に応え、ブリーフィングで1・21事態（68年1月に発生した北朝鮮軍による大統領公邸襲撃未遂事件）の発生を見事予告した。朴大統領は真剣になると、たばこに次々と火をつけた。灰皿には吸いかけのたばこがずらりと並んだという。

これに比べ、現在の国家情報院は様々な権限を奪われ、組織も縮小し、かつての力は残っていない。尹錫悦大統領は2024年12月の戒厳令布告後、警察や国家情報院に対して、「共に民主党」の李在明代表らの居場所を確認して逮捕するよう命じた。国家情報院OBの一人は「あり得ない指示。昔のKCIAならすべて位置を把握済みだった。自宅や食堂の前に要員を張り巡らせ、戒厳令発表と同時に逮捕している」と語る。

強力な支持基盤に支えられた朴正熙大統領だったが、悲劇の始まりは１９７４年8月15日に起きた文世光《ムンセグァン》事件だった。朴大統領の暗殺を狙った在日韓国人学生が撃った銃弾を浴び、妻の陸英修《ユクヨンス》氏が死亡した。48歳だった。陸氏は、町田貢元駐韓日本公使が知る限り、韓国の歴代政権で最高のファーストレディーだった。陸氏は政策に口出しはしなかったが、民衆に不人気の夫に対し、立ち居振る舞いに気を配るよう、いつも言って聞かせていた。当時、朴大統領や側近たちに麦飯を食べさせ、庶民感覚を忘れさせないようにした。朴大統領も野党の指導者を安家と呼ばれた大統領専用施設に招くと、マッコリとキムチで歓談したという。陸氏が亡くなると、当時の韓国市民は与野党を問わず、悲しんだという。

朴正熙大統領も「青瓦台野党」の陸英修氏を頼りにしていた。陸氏が亡くなった後、朴氏は気力が衰え、仕事量も減っていった。朴大統領は79年10月26日夜、会食のさなか、側近だったＫＣＩＡの金載圭部長によって、射殺された。当時、身分を隠して担ぎ込まれた医療施設で、担当の医師は、朴大統領の身に着けた古びたベルトのバックルや時計などから、大統領だとはすぐ想像がつかなかったという。

町田貢元公使は、朴正熙大統領の暗殺について「歴史の流れのうえで起きた事件だった」と語る。元々は、車智澈《チャジチョル》大統領警護室長と不仲だった金載圭《キムジェギュ》部長が、権力の中枢から排除されるのではないかという疑心を抱いたことが出発点だった。ただ、金部長は当初は車氏を排除することだけを考えていた可能性があり、それが朴正熙大統領の暗殺にまで発展した背景には、米韓関係の微妙な変化があった。

康仁徳元統一相によれば、朴氏は69年の「ニクソン・ドクトリン」を受け、極秘の指示を出した。韓国による独自の核兵器開発だった。さらに、75年に脱北した、対南工作を担う朝鮮労働党作戦部の要員が康氏らＫＣＩＡの取り調べに対し、北朝鮮の金日成主席が69年の演説で、核開発を推進する決意を示したと証言した。ＫＣＩＡは76年、北朝鮮が核開発を進めていると結論づけた。

朴大統領は当時、「北朝鮮が核実験をすれば、我々の敗北だ。米国も我々を守ってくれない。国を預かる者として北の核開発を傍観できない」と周囲に漏らしたという。韓国政府は極秘に、国内外の優秀な核物理学の研究者や技術者を集め、大邱の韓国電力の施設などで核開発を進めた。当時、米国にいてスカウトされた韓国の技術者は「核兵器の開発だという目的は教えてもらえなかった。研究者や技術者は、兵器用核物質の抽出や核爆発の装置の開発など、細分化された事業ごとに担当した。お互いが情報や意見を交換することは厳重に禁じられていた」と証言した。

当時、米国からの情報提供を受けた日本政府も、ソウルに勤務していた町田氏らに「韓国の極秘の核開発について調べろ」という訓令を出した。町田氏らは開発の詳細まではつかめなかったが、朴大統領が「北朝鮮の核開発を傍観できない」と語った事実をつかんだという。

これに対し、77年に米大統領に就任したジミー・カーター氏が強く反発した。カーター大統領は人権外交を掲げ、金大中氏拉致事件（73年8月）をはじめとする政敵に対する弾圧など様々な人権侵害が問題になっていた朴正熙政権を嫌っていた。米韓の緊張は79年6月末のカーター大統領訪韓で極限に達した。カーター氏は空港まで出迎えた朴氏を無視するかのように、京畿道東豆川《トンドゥチョン》の在韓米軍基地に直行し、そのまま宿泊した。翌朝は基地周辺を米軍兵士らとジョギングし、その後にようやく韓国大統領府を訪れ、朴大統領と首脳会談を行った。

町田氏によれば、カーター氏は会談冒頭、当時軟禁措置がとられていた金泳三氏（後の大統領）に対する措置解除を要求した。米国は当時、韓国が極秘に核開発を進めているという情報を入手していた。カーター氏は、持論だった在韓米軍（当時、約4万人）のうち、約1万5000人の兵員を抱える第2歩兵師団の撤退をちらつかせ、民主化と核開発断念に向けて圧力をかけた。だが、朴正熙氏はカーター氏の要求に首を縦に振らなかった。会談が終了すると、朴氏は周囲に「我々は米国の州の一部か」と吐き捨てたという。

町田氏は「軍事や経済で北朝鮮の後塵を拝していた朴正熙政権初期、韓国は米国の言いなりだった」と語る。カーター氏にも、こうした時代の記憶が強く残っていたようだ。だが、朴正熙大統領にしてみれば、経済発展を続ける韓国は、もはや米国の言いなりにはならない、という思いがあった。当時、ソウルで勤務していた米国大使も「もはや韓国は、昔の韓国ではない。従来の米韓関係は通用しないと覚悟して、我々は韓国と付き合っていかなければならない」と語ったという。カーター氏の在韓米軍撤退案も、米国内の軍や議会などの強い反対に遭って、訪韓後間もなく消滅した。

しかし、「史上最悪の米韓首脳会談」と呼ばれたカーター大統領と朴正熙大統領の会談が、KCIAに誤った情報をもたらした。それは、「米国が韓国を見放した」という情報だった。米韓同盟の継続を予測する情報もあったが、朴正熙政権のなかで立場が危うくなっていた金載圭KCIA部長は、「カーター政権が朴正熙大統領を見放した」という情報に飛びついた。町田氏は「あの情報で、金部長は車智澈大統領警護室長だけでなく、朴正熙大統領も排除して、政権を乗っ取ってしまおうと考えた」と語る。

ただ、この暗殺計画は極めてずさんなものだった。金部長は暗殺後、軍も掌握することを計画。別棟に呼び出していた鄭昇和《チョンスンファ》陸軍参謀総長に対し、KCIA本部に向かうことを提案したが、拒否されて陸軍本部に向かうことになり、後に拘束された。金部長が追い詰められ、正常な判断ができなくなっていた状況がうかがえる。

町田氏は「韓国が米国の言うことを聞かなくなっていた時期に起きた事件だった」と語る。朴正煕大統領は「安全保障は米国、経済は日本」という強力な支援を得て、韓国の発展を実現した。だが、その発展が、最後は朴正煕大統領の命を縮める結果を生むことになった。

## 陸軍同期だった全斗煥と盧泰愚

2024年12月の尹錫悦大統領による戒厳令は、多くの韓国の人々に45年前の出来事を思い起こさせた。当時も戒厳令が出ていた1979年12月12日、全斗煥《チョンドゥファン》陸軍少将が韓国軍を掌握した「12・12粛軍クーデター」。2023年に、この事件を題材にした映画「ソウルの春」が大ヒットしていたからだ。人口約5000万人の韓国で、およそ4人に1人にあたる約1300万人が観た。映画では、全斗煥氏をモデルにした主人公が仲間の将校たちと野心を漲《みなぎ》らせ、軍トップで戒厳司令官だった陸軍参謀総長を拉致し、政治家に手を回して一気に軍を乗っ取った。映画を観ていた人は、全斗煥氏を極悪人だと感じただろう。

ただ、町田貢元駐韓日本公使が実際に見聞きした全斗煥氏の実像は少し違う。「彼は親分肌で気前もよく、一緒に働いた人々からは好かれた人物だった」という。全氏は特に、彼のために働いた部下の面倒をよくみた。第一線を退いた後でも、全氏の自宅を訪れ、あいさつに出向く元スタッフたちの姿が絶えなかったという。

町田氏は「粛軍クーデター」当時の様子もよく覚えていた。当時、軍保安司令部（後の機務司令部、防諜司令部）の司令官だった全氏は79年10月に起きた朴正煕大統領暗殺事件の合同捜査本部長になった。全斗煥氏らは、朴大統領を射殺した金載圭ＫＣＩＡ部長を調べていた。その時、戒厳司令官で軍トップの鄭昇和陸軍参謀総長が、朴大統領が暗殺された安家《アンガ》と呼ばれる大統領専用施設の敷地内にいたことがわかった。全氏らは全容解明が必要だと考えたが、少将の全氏に対し、鄭氏は大将で軍内の地位も圧倒していた。

全氏らは意を決して、ソウル市内にある鄭氏の公邸に部隊を送り、鄭氏を拘束した。その際、鄭氏を警護する部隊と銃撃戦になり、死者も出たという。町田氏はこの銃撃戦について「全氏は権力を握るために、鄭氏の自宅を襲ったわけではない。結果的にそうなっただけで、事件の全容を解明する必要があるというのが動機だった。（映画で描かれたような）韓国軍を二分するような事件でもなかった」と指摘する。当時の韓国軍将校や政府幹部らも同じ見方をしている。

ただ、町田氏が語ったように、結果的に全氏は軍の全権を握った。当時、韓国での最高権力者だった朴正熙大統領は亡く、最高の権力機関と目されていたKCIAもトップが射殺犯として逮捕され、組織は崩壊寸前だった。全氏の軍掌握は、韓国のすべての権力を手に入れたことを意味した。町田氏は「全斗煥は強運の持ち主だった。そもそも、朴正熙暗殺事件の時、保安司令官の地位にいなければ、事件の合同捜査本部長を任されることもなかった。鄭昇和が暗殺事件の現場にいたことも、金載圭が仕組んだことだった」と語る。

全氏は若い頃、大統領警護室に勤務したことがあった。人懐っこい性格が幸いし、朴正熙大統領にも可愛がられた。町田氏は「朴大統領が、全氏の誕生日に贈り物をしたという話も聞いた。当時の全氏はまだ課長級程度で、大統領がわざわざ贈り物をするようなポストではなかった。よっぽど、可愛がられているんだな、という印象を持った」と語る。全氏の強運は続いた。1975年3月、彼が率いる部隊が江原道鉄原で、北朝鮮が韓国に侵入するために秘密裏に掘削した「第2南侵トンネル」を発見した。当時、脱北した北朝鮮の工作員が「第2南侵トンネル」の存在を告白。大体の位置をつかみ、ボーリング調査をした末の発見だった。全斗煥氏はこの功績もあって軍の出世コースに乗り、朴大統領が暗殺された79年、保安司令官になった。

ソウルの日本大使館に勤務していた町田氏のもとには当時、ＫＣＩＡと保安司令部、警察の関係者が出入りしていた。「ポアンサ（保安司）」と呼ばれた保安司令部の任務は、軍事情報に対するスパイ取り締まり、軍内部の監視などだった。だが、朴正煕政権のもとで軍の存在がどんどん強大化。それに伴い保安司令部の仕事も、日本の動向に関心を示すほど、政治的な性格を帯び、活動は広範囲にわたっていった。全氏が保安司令官に就任したことで、彼の行動は一気に政治的な意味を帯びるようになった。

また、全斗煥氏は韓国軍内で、朴正煕大統領と同じ慶尚道出身者を中心につくられた私的組織「ハナフェ（ひとつの会）」のメンバーだった。ハナフェは朴大統領の親衛隊のような性格を持ち、軍内部での影響力を強めていった。朴大統領の存命中、ハナフェの会合で、「親父（朴大統領）も最近、健康が思わしくない」「親父の命も長くないな」「次はお前じゃないのか」などという発言が飛び出し、発言者が処分される事件も起きた。全斗煥氏は朴大統領暗殺事件当時、まだ少将で、ハナフェのリーダーではなかった。しかし、保安司令官と事件の合同捜査本部長という立場、鄭昇和陸軍参謀総長の追い落としなどから、一気にハナフェの実質的なリーダーに昇格した。合同捜査本部長に就任したころから、韓国市民も全斗煥氏の顔と名前を知った。ソウルに住む60代の知人は、「あのころ、毎晩ニュースの時間になると、テモリ（禿げ）の男が出て来た。あのテモリの男は誰だと、皆の話題になった」と話す。それが全斗煥氏だった。

全氏は行政能力にも長けていた。当時、大統領府に勤めていた元幹部によれば、全氏は非常に率直な性格で、間違いを指摘されると怒りだすこともなく、すぐにただしたという。自分に見識が備わっていない経済分野については、担当する首席秘書官に対して「お前が経済分野の大統領だ。国を代表してやってくれ」と語っていたという。全氏は大統領時代、マイナス成長に陥っていた韓国経済をプラス成長に戻した。元幹部は「朴正熙大統領が残した経済的な基盤があったとはいえ、その手腕は評価できる」と語る。

だが、権力を握ってから半年も経たない80年5月、全氏が「史上最悪の韓国大統領」とまで非難される大事件が起きた。150人以上の市民が殺害された光州事件だった。朴正熙大統領の暗殺によって出された戒厳令は適用地域を拡大し、依然、韓国市民の生活に暗い影を落としていた。

戒厳令はデモ活動を禁じていたが、全羅南道《チョルラナムド》の学生約２００人が街に出てデモを行った。この時、軍は発砲せず、学生たちを逮捕、連行した。当時の兵士は慶尚道出身者で占められていた。今でこそ、だいぶ和らいだが、慶尚道と全羅道は犬猿の仲だった。「全羅道では、慶尚道ナンバーの車は給油してもらえない」「全羅道と慶尚道のカップルは両親から絶対に結婚の許可が下りない」などとされた時代だった。慶尚道出身の兵士たちは殺気立ち、逮捕した全羅道の学生たちに殴る蹴るの乱暴を働いた。暴行の現場を目撃した全羅道の市民は怒り狂った。街頭に出て、反政府集会に参加する市民が瞬く間に数万人単位にまで拡大した。

市民の一部が軍の武器庫を襲い、銃などを持ちだした。武器を手にした市民が、ビルの屋上などから軍に発砲した。韓国軍は激高し、ほぼ無差別に群衆に向けて発砲した。光州はたちまち無政府状態に陥った。光州の地元有力者が軍と協議したものの、話し合いは決裂し、更に犠牲者が増えた。最終的に韓国軍が増援部隊を送り、光州一帯を鎮圧した。

町田氏は「全斗煥氏はいきなり銃撃を許可した。すぐに話し合える状況ではなかったとしても、電気や水道を遮断して市民に圧力をかけるなど、別のやり方があったはずだ。事態をエスカレートさせて多くの市民を殺害した。自分たちの指示に従わないから頭に来たのだろうし、全羅道に対する反発もあったのだろう。それにしても、あまりにも興奮しすぎた。全氏が今でも光州の人々から憎まれるのは仕方がないことだろう」と語る。前述の韓国大統領府元幹部も「全斗煥氏は、光州事件という原罪を背負った」と語る。

全斗煥氏は大統領として数々の功績を残した。当初は軍関係者を数多く、政府高官として起用したが、政権が安定軌道に乗ると様々な分野の専門家を起用した。戦後の韓国大統領として、初めて訪日し、安定した日韓関係を築いた。83年1月、中曾根康弘首相（当時）が訪韓し、夕食会場で「ヨロブン、アンニョンハシムニカ（皆さん、こんばんは）」と語り出すと、会場がどよめいた。途中で日本語を挟み、最後に「ヨロブン、テダニカムサハムニダ（皆さん、本当にありがとうございました）」と結ぶと、万雷の拍手がわき起こった。全斗煥大統領は中曾根首相のスピーチを涙を流して聞いていた。夕食会後、中曾根首相が泊まったホテルを大統領府からの使者が訪れ、中曾根首相を「2次会」に誘った。大統領府のオンドル部屋で全大統領と大統領秘書室長、中曾根首相、駐韓日本大使の4人で午前3時まで酒を飲み、カラオケを歌ったという。親交を深めた2人の関係は終生続いた。

しかし、光州事件に対する批判も死ぬまでついて回った。大統領在任中、妻や弟たちの汚職事件も発生した。特赦はされたものの、1996年8月には内乱罪で死刑判決を受けた。97年には不正蓄財で追徴金２２０５億ウォンを科された。全氏は自宅などを売り払ったが、１５００億ウォン以上の未払い金が残った。全斗煥政権当時の側近の一人は、「全氏は非常に気前のよい人間だった。自分も蓄財したが、他の側近たちにも惜しみなく分け与えた。それで十分な金が残らなかった」と語る。この側近によれば、全氏の側近の一人が収監され、刑期を終えて、ソウルにある全氏の自宅にあいさつに出向くと、「ご苦労だった」と言われ、その場で3億ウォンとも5億ウォンとも言われる現金を渡されたという。

全氏は２０１７年に回顧録を出版したが、光州事件を巡る記述が名誉毀損にあたるとして、20年11月、光州地裁が懲役8カ月、執行猶予2年を言い渡した。全氏は21年11月、ソウルの自宅で亡くなった。陸士同期生で、光州事件への対応も共に協議した仲だった盧泰愚元大統領が同年の10月に死去した際は国葬が営まれたが、全氏に対する国葬や国立墓地への埋葬は見送られた。

町田氏は全斗煥氏と握手したときの印象が強烈に残っている。「手がものすごく大きくて節くれだっていた。まるで、手袋をはめた手と握手したようだった。男性として力を感じた」と語る。全斗煥政権の元幹部は「6・29宣言（１９８７年6月29日に発表された、大統領直接選挙制の導入などをうたった民主化宣言）も、当時の大統領候補だった盧泰愚氏が発表したが、本当は全斗煥氏の作品」と証言する。全斗煥氏は当時、金大中氏や金泳三氏、金鍾泌氏ら「三金」と呼ばれた野党勢力が政権を握ることを防ぐため、盧泰愚氏の人気を高めようと、盧氏に発表させたという。元幹部は「歴史は常に勝者が作る記録。再評価があるかもしれない」とも語る。

日本では、政治家を揶揄するときに「富士山のような政治家」という表現を使う。「遠くから見ていると美しい言葉を並べ、素晴らしい政治家に見える。しかし、近づけば近づくほど、ゴミが落ちているのが目につく富士山麓のように、その政治家の利己的で理想とは程遠い姿がわかってくる」という意味だ。全斗煥氏は「富士山型の政治家」とは全く逆で、「遠くから見ると醜悪な独裁者だが、一緒に働いた側近や官僚たちからは批判もなく、むしろ評価の声が高まる」という「逆富士山型の政治家」と言えるかもしれない。

## 死刑宣告を受けた体験を活かした金大中

金大中《キムデジュン》氏。朴正熙政権時代の1973年8月、東京滞在中に拉致されて殺されかけた金大中氏拉致事件。全斗煥政権時代の80年5月に起きた光州事件を扇動したとして、内乱陰謀などの罪で下された死刑判決。様々な苦難に遭いながら、98年2月に大統領に就任した。

金大中氏のスタイルを一言で言えば「赦《ゆる》しの政治」だった。大統領選での当選後、就任前の97年12月、金泳三大統領に対して全氏の特赦を求めて実現させた。大統領就任の際、日本政府は緊張した。日本政府は73年の金大中氏拉致事件について、日本の主権侵害だとして韓国政府に謝罪を求め、日本の捜査当局による調査を要求していたが、最終的に朴正熙政権と政治決着させていたからだ。だが、金大中大統領は事件を一切不問に付した。

金大中氏が大統領に当選した97年12月当時、日韓関係には暗雲が漂っていた。改定作業が難航していた日韓漁業協定を巡り、日本の与党内で「協定をいったん破棄し、韓国に譲歩を促せ」という声が強まっていたからだ。同年11月には4大証券のひとつ、山一証券が破綻。人々はバブル経済崩壊という現実を徐々に実感していた。「日本が加害者で韓国が被害者」という従来の構図が薄れ、日本が示してきた大きな度量が徐々に消えていく端境期にあった。

そんななか、同年12月29日、漁業協定の最後の交渉のため、ソウルを訪れたのが小渕恵三外相（当時）だった。小渕氏は協定の破棄に反対だったが、自民党農水族は破棄を求めていた。小渕氏は「俺が韓国を説得する」と語り、「今回は韓国側が来日する順番」という周囲の声を振り切っての訪韓だった。

交渉は決裂した。失意のなか、小渕氏が面会したのが大統領当選直後の金大中氏だった。同年9月に外務省で朝鮮半島を担当する北東アジア課の課長に就任した佐々江賢一郎氏が同席した。佐々江氏によれば、小渕氏は、韓国で死刑判決を受けるなど長い政治闘争の末に大統領選に勝利した金大中氏に「政治家として尊敬している」と語りかけた。小渕氏が書を依頼すると、金大中氏が「敬天愛人（天を敬い、人を愛する）」と揮毫した。佐々江氏は両氏のやり取りを眺めながら「2人は人格的、精神的な共感を覚えている」と感じた。「気が合うといった次元ではない、お互いに高みを感じる出会いだった」（佐々江氏）。

日本は翌98年1月、韓国に協定の終了通告を行った。新協定が結ばれなければ、現協定は1年後に失効することになった。2月には金大中氏が大統領に、小渕氏は参院選後の7月、首相にそれぞれ就任した。

当時、韓国外交省の東北アジア1課長だった朴晙雨《パクチュヌ》元韓国大統領府政務首席秘書官は「金大中氏は教養がある人物で、日米での経験も豊富だった」と語る。佐々江氏は「金大中政権になり、日韓関係を根本的に変える好機が来るかもしれない」と感じていた。小渕首相が誕生した時、佐々江氏は「外相としての助走期間があるから、ジャンプできるかもしれない」と思った。「最大の目標が金大中大統領の訪日。そのために何をなすべきかと考え、そこから共同宣言を思いついた」。

佐々江氏は「日韓関係を改善したい意欲、共通の戦略目標が、私と朴氏にはあった」と証言する。2人は毎日のように電話で協議を重ねた。「夏の暑い時期、何日も何日も徹夜して、課長の私が課員の作った日本側の宣言草案の大部分を書き直した」（佐々江氏）。

10月7日、金大中大統領が来日した。8日の首脳会談後、日韓両政府は共同宣言を発表した。宣言は計11項目に及んだ。韓国は宣言で「金大中大統領は、かかる小渕総理大臣の歴史認識の表明を真摯に受けとめ、これを評価すると同時に、両国が過去の不幸な歴史を乗り越えて和解と善隣友好協力に基づいた未来志向的な関係を発展させるために、お互いに努力することが時代の要請である旨表明した」という一文を入れた。佐々江氏は「あの表現が最も重要だった。被害者の韓国から手を差し伸べることは大変だっただろう」と語る。

10月8日、金大中大統領は参院本会議場で衆参両院議員を前に約30分間、演説した。佐々江氏は本会議場で、演説を終えた金大中大統領が、万雷の拍手を浴びる姿を見ていた。「日韓でもこんなことが起きるのか」と思った。朴晙雨氏は24年12月、腎臓がんでこの世を去ったが、小渕恵三首相と金大中大統領が署名した1998年の日韓共同宣言は、今なお、「日韓最高の政治文書」として光を放っている。

現在も、偉大な政治家としての光を失わない金大中氏だが、冷徹な現実主義者としての顔も持ち合わせていた。その一面を目撃したのが、町田貢元駐韓日本公使だった。町田氏が金大中氏と初めて会ったのは73年11月。東京で金大中氏拉致事件が起きて3カ月後のことだった。ソウル・東橋洞《トンギョドン》の自宅を訪ねると、周囲の民家から男たちが飛び出してきて、「何の用だ」と尋ねた。金大中氏の動静を監視していた国家安全企画部（現・国家情報院）の職員たちだった。金大中氏の軟禁は、88年に盧泰愚政権が誕生する直前まで続いた。町田氏はこの期間中、60回以上、東橋洞に通い、金大中氏との密談を続けた。

「まず居間に通され、簡単にお茶を飲んだ後、食堂で夕食をとりながら、3時間以上話し込んだ。テーブルの上に数十枚の紙片と鉛筆があり、機微な話題が出ると筆談した。安企部が盗聴していたからだ。筆談が終わると、金大中氏が大きな灰皿を出してきて、そこに紙片を入れて焼いた」（町田氏）。金大中氏は筆談のなかで、「なぜ日本は、私のような民主主義闘争をしている人間を放っておくのか。もっと支援すべきではないか」と語ったという。

金大中氏にとって、町田氏は日本との大切な連絡役だった。97年12月の大統領選で金大中氏が勝利した直後、面会した際に「先生が大統領に就任したら、私は青瓦台（大統領府）を訪ねて、耳の痛い話もお耳に入れましょう」。町田氏がそう伝えると、金大中氏も「もちろんだ。ぜひ、そうしてくれ」と語った。

だが、その後の連絡には一切応じなくなった。大統領として日本との正式な関係ができた以上、町田氏はすでに用済みの存在だった。町田氏は金大中氏の側近だった権魯甲《クォンノガプ》氏に「ひどいじゃないか。義理もへったくれもない」と言って抗議した。権氏は困った表情になり、「まあ、先生はそういう一面があるから。（元軍人の政治家で、金大中氏を支援した）趙治衡《チョチヒョン》だって、必要がなくなると切り捨てたからね」と語ったという。

町田氏は「金大中氏は現実主義者だった。だから、日本文化の開放政策も日韓共同宣言も実現できた。30年以上の政敵だった金鍾泌氏（元首相）とも大統領選で手を握った。権力の座に就くためなら手段を選ばない人物だった」と話す。一方、韓国大統領府元幹部は「確かに、金大中氏が政権を握った当時、IMF（国際通貨基金）危機（国際通貨危機による韓国の外貨流出と国家破綻の危機）が起きていたし、少数与党という現実があった。こうした政治的な危機を切り抜けるためには、現実的な政治を行う必要があった」と指摘する。

また、「現実的な政治」が韓国発展の道を切り開いたとも言える。金大中政権はＩＭＦ危機からの脱出に成功した。98年から２００４年にかけての文化開放政策も推進した。韓国では当時、日本の歌やテレビ番組などの大衆文化を制限していた。金大中政権の元側近によれば、側近たちは「文化開放をしたら、ソウルが日本のアナウンサーだらけになる」と言って猛反対した。金大中氏は「大丈夫だ。我々の文化の方が日本よりも強い。昔も百済《くだら》が日本に様々な文化を伝えたことを忘れたのか」と平然と言い放ったという。元側近は「確かに、今思えば、あの決断が、世界に韓流文化が広がる一つの契機になった。金大中氏には時代の先を見通す力があった」と語る。

金大中氏は政権を握るため、政敵だった金鍾泌氏と手を握り、「ＤＪＰ連合」を組んだ。別の元韓国政府高官は「尹錫悦大統領もＤＪ（金大中氏）のような現実的な政治家であってほしかった」と語る。「少数与党なら、選挙に勝つ方法を考えるか、あるいは野党の一部を取り込む政治努力をすべきだった。それを一切やらず、いきなり戒厳令を敷くのは理解に苦しむ。これがＤＪと尹錫悦との決定的な違いだ」

## パボ（ばか）と呼ばれた民主派、盧武鉉

２００９年５月23日、特派員だった私は早朝の便で東京から赴任先のソウルに戻った。昼前に金浦空港に到着すると、ロビーで人々が茫然とした表情でテレビの画面に見入っていた。画面には山肌のような風景が映っており、そこに赤い帯に白抜きで「盧武鉉《ノムヒョン》前大統領逝去」という文字が刻まれていた。「何もできない。誰も恨まないでほしい。運命だ」。短い遺書が残されていた。警察発表によると、23日午前５時45分ごろ、警護担当者とともに２人で自宅を出て裏山に登った盧氏は、高さ30メートルほどの岩の上から飛び降りた。頭の骨を折るなど全身を強く打ち、意識不明のまま病院に運ばれたが、午前９時半ごろに死亡が確認された。残された遺書に、死を選んだ直接の理由は記されていなかったが、「多くの人に面倒をかけた」などと不正資金疑惑で精神的に追い詰められていた様子がつづられていた。

盧氏は03年２月、政治改革を訴えて第16代大統領に就任した。「政治とカネ」の問題は最も力を入れた改革の課題だったが、その盧氏が大統領退任後に、検察の取り調べを受けた。大統領経験者としては全斗煥、盧泰愚両氏以来、３人目のことだった。国民に清廉さを訴え続けてきた盧氏にとって、捜査対象になったこと自体、大きな屈辱だった。検察に出頭する際、盧氏は「国民のみなさんに面目ない。失望させて申し訳ない」と謝罪していた。24年末にソウルの国会で面会した、与党「国民の力」の議員は「今思えば、あの事件が、今回の戒厳令を引き起こした保守と進歩の激しい政治闘争の引き金になったと思う」と語る。

盧武鉉氏自身は、新しいタイプの進歩系政治家だった。妥協せず、政治的な裏取引もしないで愚直に突き進む姿から、人々は半ば愛情をこめて「パボ（ばか）」と呼び、盧武鉉氏もこのニックネームを嫌がらなかった。大統領になってからも談論風発を好んだ。当時、大統領府の会議に出席した知人の官僚は課長級だった。会議では次官級が座った会議テーブルの後方に陪席していた。会議になると、盧武鉉氏は知人にも、「おい、君も一言意見を言いなさい」と声をかけた。知人は「そんな大統領は後にも先にも、盧武鉉氏だけだった」と語る。

進歩系で外交・安保分野が弱いと自覚し、この分野には保守系の政治家や官僚を多く起用した。そのうちの一人、大統領国防補佐官に起用された金熙《キムヒ》相《サン》氏は「盧武鉉氏は頭がよくて、すぐにこちらの話す内容を理解した」と語る。戦略的な判断にも優れていた。金氏は今でも03年のイラク派兵を巡る盧武鉉氏の決断と周囲とのやり取りを思い出すという。

当時、米国は韓国側に「ポーランド軍のように地域を単独で管轄できる師団規模」の追加派遣を要求してきた。想定された人員数は7000から8000人だった。金熙相氏は盧武鉉大統領に「中東は資源地帯なのに、韓国外交の空白地です。韓国軍のイラク派兵は戦略的な危機ではなく、好機ととらえるべきです」と語って、説得した。盧武鉉氏は米国の要求通り、師団級の派遣に傾いた。だが、盧武鉉氏の周辺にいた「運動圏」と呼ばれる、市民運動経験者の側近たちがそれを許さなかった。金熙相氏は「韓国のベトナム派兵を思い出せ。あの時、韓国軍が派兵しなかったら、韓米同盟の今はなかった」と言って説得しても、市民運動系の側近たちは「派兵絶対反対」を唱えて譲らなかった。

最終的に、盧武鉉氏が出した答えは「非戦闘員3000人の派遣」だった。当時のラムズフェルド米国防長官は訪韓しての米韓協議の席上、隣に座った米政府高官たちに「韓国は3000人だってよ」と言い放ったという。ただ、ラムズフェルド氏は後日、イラクに派遣された韓国軍兵士を直接、現地で見聞してその働きに感謝した。盧氏は米韓自由貿易協定（FTA）の協議も推進した。こうした現実主義的なやり方は、運動圏を中心とした伝統左派の反発を招いた。

すでに、盧武鉉支持派は母体の新千年民主党を離脱し、開かれたウリ党を結成。04年3月、野党になった新千年民主党は保守系野党のハンナラ党とともに、盧大統領の弾劾訴追案を可決した。ただ、当時の側近によれば、盧武鉉氏は「世論は自分を支持してくれる」と信じていたという。弾劾されて職務執行停止になっても、盧氏は騒がず、静かに大統領公邸で読書に耽っていた。大統領府の周辺では、盧武鉉氏を支持する集会が盛んに開かれていた。総選挙では開かれたウリ党が大勝した。同年5月、憲法裁判所は弾劾訴追を棄却し、盧武鉉氏は大統領職に復帰した。ただ、この勢いは長続きせず、左右からの政治攻撃に経済不況も重なり、最後は支持率も低落して政権を終えた。

保守系の元国会議員は「盧武鉉大統領は新しいタイプの政治家で、進歩勢力を成熟させた功績がある。ただ、韓国の時代の流れが、彼の歩みに追いつけなかった」と語る。盧武鉉氏の大統領当選も、対抗した保守系の李会昌《イフェチャン》候補を巡るスキャンダルや、大統領選前に起きた米軍装甲車の韓国女子中学生轢殺《れきさつ》事件を巡る反米感情の高まりなどが生み出した、「奇跡に近い勝利」とも言われた。時代状況のいたずらで、盧武鉉大統領は少し早すぎる登場になったのかもしれない。

一方、彼が目指した「新しい進歩政治家」という姿は、彼の不幸な死去に伴い、「反保守闘争のアイコン」に変わってしまった。盧武鉉氏の死去後、ノサモ（盧武鉉をサランハヌン〔愛する〕モイム〔集まり〕）の人々は、慶尚南道金海《キメ》市郊外の烽下《ボンハ》村にある盧氏の自宅に集まった。弔問客は引きも切らず、生前、麦わら帽子姿で自宅近くを訪れた人々と交流した盧武鉉氏の死を悼んだ。同時に、運動圏と呼ばれる政治家たちも烽下村に集まり、「保守への復讐」を誓った。それから15年後、激化した保守と進歩の争いは、尹錫悦大統領による戒厳令を生み出した。

談論風発を好んだ盧武鉉氏は雲の上で、お互いに対話を拒否する韓国の政治状況を見ながら、何を思っているだろうか。

## 保守を衰退させた李明博と朴槿恵

盧武鉉政権の後に続いたのが、李明博《イミョンバク》大統領（2008～13年）と朴槿恵《パククネ》大統領（13～17年）という2人の保守政治家だった。2人はともに大統領退任後、逮捕・収監された。

李氏の場合、合計110億ウォンの収賄疑惑から、18年3月に逮捕された。その後、保釈された時期もあったが、20年10月、懲役17年、罰金130億ウォンが確定した。健康悪化による刑の一時執行停止措置などを経て、22年12月、尹錫悦大統領が特別赦免を行った。

朴氏の場合、知人の崔順実氏による国政介入疑惑などが浮上し、16年12月、国会で弾劾訴追案が可決された。憲法裁判所は17年3月、朴氏に対する弾劾訴追を認め、朴氏は大統領職を罷免。そして同月末、朴氏は逮捕・拘束された。21年1月、懲役20年、罰金１８０億ウォンなどの判決が確定した。ソウルの自宅は差し押さえられ、競売にかけられた。21年12月末、特赦された後、入院生活を経て、22年3月、父の故郷に近い大邱に帰った。

この2人が韓国保守を衰退の道に導き、検事総長として文在寅大統領とやり合った尹錫悦氏を「反文在寅政権」の象徴として担ぎ出すしかない状況をつくり出したとも言える。では、李明博氏と朴槿恵氏のどちらが、保守衰退の道をつくったという意味でより「罪深い」と言えるのだろうか。

多くの関係者は「李明博氏の方が、問題が多い」と口をそろえる。その理由は、「李明博氏は政治家として何もしなかったばかりか、私利私欲で蓄財をしたから」というものだった。李政権時代に大統領府に勤務した元幹部は「ＭＢ（李明博氏）はセールス外交や経済大統領として成果を上げたが政治はうまくできなかった」と語る。もともと、李氏が大統領になったのは、不況に対する市民の不安感が広がっていた大統領選当時、元現代《ヒョンデ》建設会長の肩書を持ち、ソウル市長時代に暗渠を清渓川として甦《よみがえ》らせた実績を評価されたからだった。元幹部は「ＭＢは人の心がつかめない。お金も配らない。全斗煥の人心掌握術が１００点だとすれば、ＭＢは60点にしかならない」と語る。元幹部によれば、韓国政治に金がかかるのは、自分が率いる政治勢力を維持する必要があるからだ。「DJ（金大中氏）もYS（金泳三氏）も全斗煥も皆、自分たちの政治勢力に金を配った。彼らの生活を保障し、政治活動に集中してもらう必要があるからだ」と話す。

ところが、財界出身の李明博氏には、自前で育てた政治勢力は存在しなかった。「MBメン」と呼ばれたブレーンは大統領選前に、元政府高官や学者、メディア関係者などから集めた人材だった。元幹部は「MBは銀行のトップ人事に介入した見返りに金をもらった。ビジネスだから当然だと思ったのだろう。でも、その金を周囲には渡さず、自分のポケットに入れた」と証言する。結局、人心が集まらず、決裂した仲間が李明博氏やその妻の収賄疑惑を暴露するような事件も起きた。

これに対し、朴槿恵氏については非難よりも同情する声が強い。朴槿恵氏は1979年10月、父親の朴正煕大統領の暗殺に伴い、長年暮らした大統領公邸を追われた。その後も、周囲の数多くの裏切りに遭った。朴氏は人間不信に陥った。朴槿恵氏が国会議員だったころ、本会議場で近くに座っていた元議員は「朴槿恵氏は純真で世間知らずなところがあった。私たちが同僚と猥談をしていると、『オモッ（あらまあ）』と驚き、顔を赤らめていた」と語る。同時に、「会議が終わると、議員たちは三々五々、食事を摂りに出かける。

朴槿恵氏にも何度か声をかけたが、一度も応じたことはなかった」と話す。朴氏は議員時代、議員会館の自室で、いつも一人で食事を摂っていたという。

そのスタイルは大統領になってからも続いた。いつも大統領公邸にこもり、大統領府に出勤することは公式行事があるとき程度に限られた。元側近の一人は「女性のため、お化粧や髪形を整えるのが大変だという理由だった」と話す。代わりに、スマートフォンを使い、大統領府の幹部たちに電話をかけて指示を飛ばした。ある時から、朴槿恵氏のニックネームは「不通《プルトン》大統領」になった。

それでも、朴氏は下の意見をよく聞いたという。元幹部の一人は「朴氏は頭が切れるというほどではないが、人々の意見を聞いて考える力はあった」と証言する。尹錫悦大統領のように、意見を述べる部下を怒鳴りつけることなどはなかった。朴槿恵氏が逮捕された当時、汚職を働いていた知人の崔順実氏が4つの銀行口座を持っていた。当時の野党議員らは「これが朴槿恵氏の隠し口座だ」と言って騒いだ。しかし、別の元幹部は「朴槿恵大統領は、自分で財布など持ったことのない人。自分のポケットにお金を入れることなど考えてもいなかっただろう」と語る。

結局、朴槿恵氏は「あの偉大な朴正熙大統領の娘」というブランドを、進歩勢力との対決にはやる保守勢力に利用された犠牲者だったとも言える。朴槿恵氏は大邱に引きこもった後、一部の韓国メディアに胸中を吐露したことがあった以外、ほとんど外界との接触を避けている。保守は朴槿恵氏を利用することで政治闘争に一時期勝利したが、本格的な「保守再生」の時機を逃した。これが、後に検察出身の尹錫悦氏を大統領候補として引っ張り出さざるを得ない原因の一つになった。

## 書店を開業して政治発信する文在寅

文在寅《ムンジェイン》前大統領は2025年1月1日、フェイスブックに「妄想と狂気の政治による青天の霹靂のような苦痛と、航空機事故による深い悲しみの中で新年を迎えた」と投稿した。「しかし、我々は勝ち抜くだろう。韓国国民は強い」「邪悪さを退け、正義を貫き、悲しみを安全の教訓として胸に刻むだろう。歴史は常に国民の味方だ」と綴《つづ》った。尹錫悦大統領による戒厳令を痛烈に批判し、次の大統領選で進歩勢力が勝利するだろうという、政治宣言だ。これを見た進歩系の専門家は「私は進歩政権が誕生することを願っているが、これは少し、どうかと思う。今回の戒厳令を招いた責任の一端は文在寅氏にもあるのではないか」と語った。文在寅政権の偏った政策が、尹錫悦政権の誕生を招いたのではないか、という指摘だ。

文在寅政権当時、韓国政府で働いた元高官も「一番責任があるのは文在寅氏だ」と語る。「文氏は朴槿恵大統領弾劾を主導した。その後、極端な親北朝鮮政策と反日政策を展開し、進歩層の失望を買った」と指摘する。確かに、文政権当時の対日政策を振り返ってみれば、済州島で行われた国際観艦式での自衛艦旗（旭日旗）の掲揚拒否（18年10月）、韓国軍駆逐艦による海上自衛隊哨戒機に対する火器管制レーダー照射事件（18年12月）、日韓軍事情報包括保護協定（日韓GSOMIA）の破棄宣言（19年8月）など、衝撃的な事件のオンパレードだ。その根底となった、徴用工に対する日本企業の損害賠償問題でも、文氏は「法律に従った処理をする」と語るばかりで、問題の解決に乗り出さなかった。こうしたすれ違いが、19年7月の日本による対韓国経済管理措置を招き、最終的には文在寅政権下での「ノージャパン運動」につながった。韓国市民は、この「日韓負の連鎖」にへきえきし、それが尹錫悦政権誕生の大きな要因になった。

文在寅氏は元々、釜山で弁護士活動をしていた。盧武鉉政権で首席秘書官や秘書室長を務めたが、盧武鉉大統領は当時、毎日のように文氏に対して「お前は政治はやるな」と言い聞かせていたという。当時、大統領府で仕事をしていた元幹部は「文在寅氏は盧武鉉氏のように、様々な意見を聞いて考えるというスタイルではない。政治家というよりも運動家だ。善悪を区別し、それに固執する。盧武鉉氏はそれをよくわかっていたのではないか」と語る。

盧武鉉政権で文在寅氏がNGOなど進歩勢力の中枢を担当する市民社会首席秘書官を務めていたころ、文氏は対日外交の協議の場にたびたび参加した。当時、突然、米中戦略対話が始まった。「北東アジアバランス外交」を掲げ、太平洋国家（日米）と大陸国家（中ロ）の間でうまく立ち回ることを目指していた盧武鉉政権にとって衝撃的な出来事だった。ほどなく、日中次官級戦略対話も始まった。韓国外交当局は、「米韓はすでに2プラス2協議を行っている。まず、日韓次官級戦略対話を実現し、ついで韓中戦略対話をやりたい」と提案した。盧武鉉政権の参謀たちが理解を示す一方、難色を示したのが文在寅氏だった。当時、日本外務省幹部が韓国与野党議員団との朝食会で「日本は韓国と北朝鮮情報を共有したいが、米国が韓国を信頼していないため、難しい面がある」と語ったことが原因だった。文氏は「日本はけしからん国だから戦略対話をやるな」と最後まで反対したという。

文在寅氏をよく知る別の韓国政府高官も「文在寅氏は紳士だ。常にほほえみを絶やさず、礼儀正しい。しかし、意見は変えない。盧武鉉氏は興奮することもあったが、相手の意見が正しいと思えば、すぐに自分の考えをただした。文氏は相手の意見を丁寧に聞くが、自分の意見を変えることは決してしない」と話す。当時、韓国の人々は文在寅政権をみなが ら、「信念に固執し反論に目を向けない確証偏向症が蔓延している」と言い合った。ユーチューブの情報も加わって、「戒厳令を出すべきだ」と考えた尹錫悦大統領よりもマシに見えるが、自分の意見を捨てないところはまったく同じだ。

文在寅氏は23年4月、故郷の慶尚南道梁山《ヤンサン》市平山洞《ピョンサンドン》に私費を投じて「平山書房」という書店を開いた。収益は平山書房財団に帰属し、公共福祉事業に充てられるという。文氏は折に触れてエプロン姿で働き、訪れた市民と交流を続けている。ただ、韓国の知人たちは「文氏はただの書店員になりたかったわけではない」と口をそろえる。文氏が書店員になった背景には、組織よりも人が左右してきた韓国権力の法則がある。

文氏の自宅近くの民家を改装した「平山書房」は普通の書店とは異なる。公式サイトを開くと、「共に本で変化を夢見ることに」という訴えとともに支援のお願いが目に入る。「文在寅の推薦本」として『金大中肉声回顧録』などを紹介している。24年5月には、平山書房が公式インスタグラムでも紹介した自身の回顧録『辺境から中心へ』で、北朝鮮の金正恩総書記を「礼儀正しい」と評し、日本を「本当に度量のない国」とののしった。知人の一人は「文氏は書店を世間にメッセージを送る場所として使っている」と語る。

だが、文在寅氏は22年5月の任期満了に伴う退任前から「忘れられた人になりたい」と繰り返し、語っていたはずだ。

なぜ、世間にアピールする必要があるのか。

李明博政権で大統領府に勤務した知人は「韓国の権力が、政党からではなく個人から生まれて来たからだ」と語る。朴正熙大統領は1961年の軍事クーデターで政権の座に就いた。全斗煥大統領と盧泰愚大統領は79年12月の「粛軍クーデター」を契機に次々に権力の座に上った。文氏は民主選挙で大統領に選ばれたが、その際には「チョップル（ロウソクの灯）集会」で先頭に立ち、当時の朴槿恵大統領を弾劾によって権力の座から引きずり下ろした。

大統領在任時の強大な権力が忘れられないのか、人々は退任してからも、大統領経験者を放っておかない。文氏の自宅周辺では退任直後から、保守系の市民団体が連日、拡声器で文氏を非難し続けた。韓国検察は、文在寅氏の長女の文ダヘ氏に対し、元夫の格安航空会社（LCC）役員就任を巡る不正疑惑で捜査した。保守派の尹錫悦政権は、進歩派の文在寅政権がとった親北朝鮮政策、対日強硬政策などを全面的に否定する政策を打ち出した。文氏にしてみれば、声を上げたくなる心境だったのだろう。文派と呼ばれる最大野党「共に民主党」の文在寅支持派は、李在明党代表も無視できない勢力を維持している。

光州事件や軍政を断罪された全斗煥、盧泰愚両氏や、IMF危機と呼ばれる国家財政破綻の危機を招いた金泳三氏、獄につながれた李明博、朴槿恵両氏など、大統領を退任後、世間から非難を浴びた人々は、旧正月や秋夕《チュソク》（旧盆）の際に元部下たちと旧交を温める以外は、ほぼ自宅に引きこもる生活に追いやられた。文氏には、そのような負い目はない。

文在寅氏が秘書室長として仕えた盧武鉉元大統領も退任後、やはり故郷の慶尚南道金海市烽下村に自宅を構えた。環境にやさしいアイガモ農法によって稲作をするなど農業に汗を流し、村を訪れる人々とも積極的に交流した。平山書房の推薦本にも『盧武鉉と一緒に行った1000日』という本が挙げられている。盧武鉉氏の元側近によれば、2009年に盧氏が自宅近くの岩から身を投げた後、烽下村の自宅に集まった側近たちは、保守勢力への政治的復讐を誓った。後に同じ場所で、文氏に大統領選への立候補を要請したという。

■韓国歴代大統領の特徴と末路

| 代 | 大統領 | 任期 | 特徴、出来事など | 末路 |
|---|---|---|---|---|
| 1〜3 | 李承晩《イスンマン》 | 1948年7月〜1960年4月 | 不正選挙に反発した学生や市民のデモ（四月革命）が起き、失脚。 | アメリカへ亡命。 |
| 4 | 尹潽善《ユンボソン》 | 1960年8月〜1962年3月 | 朴正煕によるクーデター後に辞任。 | 大統領選で朴正煕に2回敗北。野党の指導者に。 |
| 5〜9 | 朴正煕《パクチョンヒ》 | 1963年12月〜1979年10月 | 「漢江の奇跡」と呼ばれる経済成長を実現。日韓国交正常化。 | 大統領在任中、側近によって射殺される。 |
| 10 | 崔圭夏《チェギュハ》 | 1979年12月〜1980年8月 | 朴正煕暗殺で大統領に就任。 | 全斗煥によるクーデターで大統領を辞任。 |
| 11〜12 | 全斗煥《チョンドゥファン》 | 1980年9月〜1988年2月 | ソウル五輪の招致に成功。戦後の韓国元首として初訪日。 | 光州事件の内乱罪などで死刑判決（後に特赦）。 |
| 13 | 盧泰愚《ノテウ》 | 1988年2月〜1993年2月 | 軍人出身だが、民主化後初の直接選挙で大統領に選ばれた。 | 光州事件の内乱罪などで懲役17年（後に特赦）。 |
| 14 | 金泳三《キムヨンサム》 | 1993年2月〜1998年2月 | 政権末期の97年にアジア通貨危機が発生。 | 息子が収賄容疑等により逮捕。 |
| 15 | 金大中《キムデジュン》 | 1998年2月〜2003年2月 | 対北朝鮮で融和的外交「太陽政策」を提唱。ノーベル平和賞。 | 家族が金銭スキャンダルで逮捕。 |
| 16 | 盧武鉉《ノムヒョン》 | 2003年2月〜2008年2月 | 太陽政策を引き継ぐ。収賄疑惑で退任。 | 退任後に側近や親族が逮捕され、09年投身自殺。 |
| 17 | 李明博《イミョンバク》 | 2008年2月〜2013年2月 | 元現代建設会長。自らを「経済大統領」と称した。 | 収賄罪などで逮捕。懲役17年（後に特赦）。 |
| 18 | 朴槿恵《パククネ》 | 2013年2月〜2017年3月 | 知人の崔順実による国政介入事件により、弾劾、罷免。 | 収賄などの罪で逮捕。懲役計22年（後に特赦）。 |
| 19 | 文在寅《ムンジェイン》 | 2017年5月〜2022年5月 | 太陽政策を引き継ぐ。「積弊清算」を掲げた。 | 故郷で書店を開業。 |
| 20 | 尹錫悦《ユンソンニョル》 | 2022年5月〜 | 北朝鮮への太陽政策を見直し。日韓関係の改善を進めた。 | 在職中に内乱罪で起訴。 |

## 「朝鮮王朝時代からの伝統」

尹錫悦大統領は戒厳令に失敗したが、同じソウル・沖岩高校出身の金龍顕国防相や呂寅兄軍防諜司令官（いずれも当時）らと謀議をこらしたとして非難された。文在寅氏はその逆を行くように、平山書房を訪れる市民と気軽に言葉を交わし、一緒に写真に収まっている。これは、一見、閉鎖された世界に生きた尹大統領と好対照の生き方のように見える。

だが、書店を訪れる人は、文氏を称賛する人以外にはいない。平山書房のある平山洞の人口は約2万8000人。知人の一人は「ソウルの街中の書店ならいざ知らず、平山は交通手段も限られた場所だ。ほかに観光の目玉になるものもない。結局、書店を訪れるのは文氏のファンしかいない」と語る。

ソウルの知人の一人は「意見が異なるから、対話しないというのは朝鮮王朝時代からの伝統だ。何しろ、論争に負けたら一族皆殺しになった歴史があるからな」と冗談めかし語る。尹錫悦大統領が野党との対話を拒んだ末に戒厳令に走ったとすれば、その種は、検事総長だった尹氏を追い落とそうとした文在寅政権時代に蒔かれていたと言えるだろう。

# 第4章　韓国の民主主義は本物か

## 若い女性が主力

2024年12月3日の戒厳令を契機に、ソウルの中心部・光化門や国会がある汝矣島《ヨイド》では、週末や大きな政治日程があるたび、大勢の市民が路上を埋め尽くす光景が続いた。

12月14日午後、韓国国会は尹錫悦大統領の弾劾訴追案を議員定数（300人）の3分の2以上の賛成で可決した。この日夜、汝矣島には大勢の市民が詰めかけた。弾劾に賛成した進歩系最大野党「共に民主党」所属議員の一人は「あの晩、汝矣島に200万人も集まった。100万人以上集まったのは5回目の快挙だ」と興奮気味に話す。過去の4回は、宗教行事が2度（汝矣島には、50万人以上の信徒を抱える新興宗教の汝矣島純福音教会がある）。民主化宣言後、初めての大統領選挙が実施されて大いに韓国の政治が盛り上がった1987年の盧泰愚、金泳三両大統領候補による政治集会が1回ずつだという。光化門の場合、一帯を群衆が埋め尽くすと100万人になると言われている。果たして200万人が正確な数字なのかどうかはわからないが、空前の盛り上がりを見せたのは間違いない事実だ。

「共に民主党」議員によれば、この日の集会の主力は、10～20代の女性だったという。同議員は「その他の世代は男女半々だったから、非常に目立った」と話す。「『国民の力』

（与党）がアンチジェンダーを展開したからだ」（同）。「国民の力」は李俊錫代表の時代、保守層を引き付けるため、あえて20～30代の男性にターゲットを絞った。軍隊に入隊することで「キャリアの断絶」を招いているとし、就職などの際に女性よりも何らかの優遇措置を取るべきだと訴えた。当然、対抗勢力の「共に民主党」は同年代の女性層にターゲットを絞った。もともと、進歩勢力は慰安婦問題を含む過去の歴史認識問題、ジェンダー問題に熱心に取り組み、金大中政権が女性省（現・女性家族省）を設立した実績もある。汝矣島に集まった若い女性たちは少人数ごとのグループに分かれ、自分たちが好きな歌手の歌を勝手に歌い、合間に「尹、弾劾」「戒厳令、反対」などと叫んでいた。

若い女性たちの姿が目立ったほか、「家で寝ていたい連合」「普通に生活をしたい同盟」などの旗があちこちで振られていた。「共に民主党」議員の一人は「これも16年の朴槿恵弾劾の時とは違う光景。あのときは、労組の旗ばかりだった。今回は、尹錫悦弾劾が一般の市民に広く支持されていると感じた」と語る。

また、汝矣島に立ち並ぶコーヒーショップや軽食店などは、店頭に紙コップに注いだコーヒーやスナックなどを並べた。議員の一人は「店の人たちは集会の参加者たちに『自分たちは参加できないが、代わりにがんばって』などと言いながら、無料でコーヒーを振る舞っていた」と語る。また、集会が終わった後、汝矣島の路上にはほとんどゴミが落ちていなかったという。別の議員は「これは2002年サッカー・ワールドカップ韓日大会の際に定着したマナーだ」と話す。

元気なのは、こうした進歩勢力だけではない。24年最後の週末になった12月28、29両日は、光化門に大音量の軍歌が鳴り響いた。集まっている市民は、汝矣島に集まった人々よりも年配の人々が多い。分厚いコートに帽子、手袋と完全防寒装備のお年寄りたちが集まったのは、尹錫悦大統領を支持する人々の集会だった。壇上では、尹氏もよく見ていると言われる極右系ユーチューブチャンネルを運営する牧師が大声でがなり立てている。「不正選挙は事実だ」「戒厳令は大統領に与えられた正当な権限だ」など、尹氏の対国民談話とそっくりの主張だ。高齢者たちは、演説の合間に太極旗を一心不乱に振っていた。

小規模だが同じような光景はその後、ソウル・漢南洞《ハンナムドン》の一角でも連日見られるようになった。12月31日、韓国捜査当局が請求した尹錫悦大統領に対する逮捕状が認められたからだ。支持者たちは連日、漢南洞にある大統領公邸の前に足を運び、奥の院に引きこもっている尹大統領に声援を送り続けた。年が明け、尹大統領が1月15日に拘束されると、支持者たちは尹大統領が収監された京畿道義王市のソウル拘置所前に移動した。1月19日未明、ソウル西部地裁が尹大統領の逮捕状を発付すると、激怒した支持者たちが同地裁の敷地に乱入し、ガラスを割るなどの乱暴狼藉を働いた。

## 「弾劾は朝鮮半島のＤＮＡ」

一体、このエネルギーはどこから来るのか。知人の70代の財界関係者は「それは日本のせいだよ」といたずらっぽく笑う。「日本人は日帝時代（１９１０～45年の日本統治時代）、朝鮮半島の人々が抵抗することを恐れた。集会を禁じたばかりでなく、朝鮮王朝時代に各地で受け継がれてきたお祭りの文化を奪ったからだよ」（同）。知人によれば、それまで朝鮮半島の各地では毎年のお祭りのたびごとに、サムルノリやマダンノリなどの伝統芸能が楽しまれてきた。日本統治時代に、こうした習慣はなくなり、45年の解放後も貧困の時代や朝鮮戦争（１９５０～53年）などが続いたため、ほとんど復活の機会を逃したという。今でも、韓国では旧正月や秋夕（旧盆）の際、民俗村のような場所で伝統芸能が親しまれる程度にとどまっている。

「お茶の文化も盛んだったんだよ」と知人は続ける。知人によれば、お茶を飲みながら会話を楽しむ喫茶の習慣も、かつての百済が日本に伝えたという。このため、現在でも茶畑は、百済の支配地域だった半島中部の忠清道《チュンチョンド》や南西部の全羅道《チョルラド》に多いのだという。1945年の祖国解放後もお祭りや喫茶の習慣が十分に復活せず、人々は日常のストレスを発散するために別の方法を見つけたという。「それが、軍事独裁政権時代のデモなのさ」と知人は語る。ただ、軍事独裁政権時代のデモは、命がけの行動だった。人々は殺気立ち、「フランス式デモ」と呼ばれる、お互いの腕を組んだ格好での突進を繰り返し、催涙弾や放水銃の洗礼を受け、場合によっては実弾が飛んできて、逮捕・拘束もありえた。それに比べ、2024年から25年にかけてのデモは平穏な空気に包まれていた。24年12月3日の「戒厳令の夜」でさえ、戒厳軍は実弾を装塡しなかった。

1979年の戒厳令当時、地方の軍部隊にいたという知人は「昔は示威する国民も殺気立っていた。当時は、政府権力に対抗するためには暴力も必要だと思う人たちが運動を主導していた」と語る。「それに比べ、今は、デモの主催者たちが『秩序を守れ』『平和的にやろう』と呼びかける。ちゃんと警察に届け出てからデモをする。今は応援棒（ペンライト）を使う。主張ははっきりしているが、やり方が楽しみながらやるスタイルに変わった」と話す。この知人は、12月14日の尹大統領の弾劾の日、汝矣島に出かけた。外国人もいたし、若い女性もいた。ベビーカーに子供を乗せた若い夫婦が「歴史的な瞬間を子供に見せようと思ってやってきた」と話していた。尹大統領弾劾の際に見せた集会の光景は「お祭り」に近い空気を醸し出していた。

また、光化門の保守系デモでは、付近に大型バスが何台も停車していた。ナンバーは釜山や金海などの慶尚道地域。「釜山―22」などと書かれたプラカードを先頭に人々がぞろぞろと歩道を歩いていた。「地方から動員されてきた支持者たち。議員たちがそれぞれの地元の支持者をバスに乗せて連れてくる」（元外交官）。議員が動員した支持者ではないかもしれないが、市民の間では「光化門に行けば7万ウォン（約7000円）、他の場所なら3～5万ウォンもらえる」という話も飛び交っているという。

「共に民主党」の議員はこう語る。「朝鮮王朝500余年の治世で、弾劾という名前の行為が6000回以上も記録物に出てくる。王と臣下、臣下と臣下が政治的に対立すると、弾劾の名のもとにお互いを排除した。弾劾は、朝鮮半島のDNAなのだ」。これも、一種の民主主義ということなのかもしれない。

## 民主主義を演出する専門業者

24年暮れの光化門の集会はちょっとした野外コンサートのようだった。光化門を通る世宗大路をまたぐように大型の舞台が設置されていた。保守系の集会だったため、弁士が声高に尹錫悦大統領を応援する演説をぶつ。合間には音楽が流れ、参加者も一緒に歌う。スクリーンには、尹大統領の過去の政治活動などが映し出された。これが近年の韓国の政治集会の特徴だ。

かつて韓国大統領府に勤務した経験がある知人は、こうした政治集会の仕組みに詳しい。知人によれば、こうした演出一切を請け負う専門業者がいる。もともと、その発祥は、韓国の地方自治体を相手にする仕事だった。自治体は年に数回、行事を主催する。防犯活動の啓発集会だったり、音楽会だったり、内容も規模も様々だ。自治体には予算に限りがあるから、年に何十回もこうした行事を行うわけではない。でも、全国に1000以上ある自治体を合わせれば、年間に数千回の行事が行われる。そこで、こうした行事を演出する専門業者が生まれた。

「演出で一番重要になるのは、どれだけ大衆に音を伝えるかという問題だ」と知人は語る。集会の規模に応じたスピーカーやアンプ、その他の設備を準備できるかどうかは、業者の力量次第だ。韓国で、参加者数万人規模の大規模行事を準備できる業者は30から40程度に限られるという。知人は「業者はカネさえ払ってもらえれば、保守、進歩に関係なく舞台設営を手伝う。光化門でやる大型行事なら、1回あたりの相場は2000万ウォン（約200万円）くらい」という。

舞台を設置するだけでは、集会は盛り上がらない。知人は「行事で重要なのは施設が40％、企画が60％だ」と話す。政治集会の場合、保守勢力も進歩勢力も、その集会の特色に応じて、アナウンサーや弁士、歌手らを連れてくる。カネを払って雇う場合もあれば、関係者が共鳴して自発的に出演する場合もあるという。主催者は開催時間や、舞台での進行などアウトラインをつくり、詳細を詰めていく。

## BTSは奪い合いに

文在寅政権（2017〜22年）では、卓賢民《タクヒョンミン》という大統領府儀典秘書官まで務めた気鋭の「演出家」がいた。広告や演出などを学んだ卓氏は、文在寅政権発足と同時に儀典秘書官室に行政官として加わった。そこで、文在寅大統領が参加する政治行事や外交などで、「いかに文在寅大統領を格好よく見せるか」という作業に専念した。それまで、韓国大統領の伝統的な演出といえば、伝統市場に出かけて、市場のアジュンマ（おばさん）と握手し、そこで売っているトッポギやおでんを口の中に入れてもらう、というのが定番だった。

こうした伝統的ではあるが、手あかがつき、若い人に支持されにくい演出方法を、卓氏は時代の流れに合わせて大幅に変更した。例えば、20年9月19日、大統領府の緑地園で開かれた第1回青年の日記念式で、青年代表として防弾少年団（ＢＴＳ）が招かれ、文在寅大統領と共に記念写真に収まった。これも卓氏の演出だった。筆者も19年1月、大統領府で行われた新年記者会見に参加したが、文大統領登場の1時間前から会場に放り込まれ、それから延々と、文大統領の「格好いい映像」を見せつけられた。卓氏は数々の「功績」が認められ、政権後半には行政官から儀典秘書官室のトップにまで昇進した。

それ以来、ＢＴＳは政治の現場で奪い合いになった。ＢＴＳは22年10月15日、釜山で無料コンサートを開いた。ＢＴＳは同年7月から、韓国が30年の開催を目指していた釜山国際博覧会（万博）の広報大使を務めていたからだ。メンバー全員がそろうのは半年ぶりとあって、会場には内外から約5万人のファンが集まったという。知人によれば、ソウルと釜山を結ぶ高速鉄道ＫＴＸのチケットは完売、釜山周辺のホテルの値段は4～5倍高になった。無料なのにチケット1枚に50万ウォン（約5万円）以上も支払ったファンが、ダフ屋に逃げられる詐欺事件も発生するなど、ＢＴＳの超人気ぶりを見せつける大変な騒ぎになった。

そもそも、釜山万博は、若者の就職難や企業経営の不振にあえぐ地元財界が、地域経済の起爆剤として誘致しようとしたものだ。保守と進歩の両勢力が張り合う釜山・慶尚南道は、22年3月の大統領選ではキャスティングボートを握った地域。票欲しさの余り、尹錫悦、李在明両候補ともに、釜山万博誘致を請け負ってしまった。韓国政府内からは「この21世紀に、万博を経済活性化の手段にするなんて、時代遅れも甚だしい」（関係者）という声も漏れてくるが、約束してしまったものは仕方がない。BTSを広報大使に起用したのは「公約順守」の姿勢を釜山の人々に見せつけるとともに、保守と進歩で揺れる釜山市民の気持ちを、尹錫悦政権の側に引っ張ってきたいという政治的な計算があった。

## 保守政党はなぜ脱皮できないのか

韓国司法当局による尹錫悦大統領拘束執行の試みが始まった25年1月3日の朝、汝矣島にある与党「国民の力」事務所脇のカフェ。そこで同党で働く知人とコーヒーを飲みながら雑談した。知人の表情は暗かった。「韓国の保守は今度こそ、政党政治を実現しないと、ただの地域政党に転落してしまうかもしれない」という。

韓国で、保守は「小さい政府」、進歩は「大きい政府」を指向しているとされるが、保守の朴槿恵政権が積極的な景気浮揚策に固執して財政赤字が拡大したように、実はそこが大きな争点ではない。実際は、「米国や日本など諸外国の情勢にうまく合わせて生きていくべきだ」という李承晩《イスンマン》大統領以来の伝統を持つ保守と、民族主体で世界に対峙すべきだという、朝鮮独立運動家の金九《キムグ》以来の教えを守る進歩というのが、一番わかりやすい構図だった。だが、まだ貧しく生活に追われていた1980年代くらいまでの韓国では、そのような明確な理念の対立があったわけではない。主な構図は、「半島南東部の慶尚道が推す保守政党、南西部の全羅道が支持する進歩政党」という地域対立、あるいは、「朴正煕大統領率いる保守政党」、「軍事独裁政権に抵抗する進歩政党を率いる金大中氏」といった、大物政治家個人のキャラクターによって色分けされたものだった。

ただ、21世紀に入り、こうした韓国の政治を語る図式もどんどん陳腐化していった。韓国の人口がソウルに一極集中したことや、地域間格差が徐々に解消されていったこと、歴史認識を語る世代が次々と鬼籍に入っていったことから、こうした構図は通用しなくなっている。保守・進歩の争点の一つだった北朝鮮問題についても、北朝鮮自身が2023年末から「韓国敵視政策」を明確にしたことで、保守・進歩間の争点からは外れつつある。

また、20世紀の韓国政治を率い、「三金政治」と呼ばれた金大中、金泳三両元大統領、金鍾泌元首相も全員世を去った。圧倒的なネームバリューがある政治家がいなくなった今、「政治家による政治」から「政党による政治」への脱皮を迫られているとも言える。この点、進歩勢力は、盧武鉉氏、文在寅氏、李在明氏と、大統領選ごとにそれぞれ新しい政治家が登場している。これに対し、保守の迷走ぶりが目立つ。大統領も21世紀に入り、元現代建設会長で「経済大統領」で売り出した李明博政権（2008～13年）、「朴正熙大統領の娘」をアピールした朴槿恵政権（13～17年）、文在寅政権と対立した元検事総長の尹錫悦政権（22年～）と、「外から借りてきた人ばかり」（「国民の力」関係者）が続いた。

逆に、こうした小手先の政治改革が有権者から飽きられ、保守政党は危機に瀕している。その象徴が頻繁な看板の架け替えだ。21世紀に入り、韓国保守政党は「ハンナラ党」「セヌリ党」「自由韓国党」「未来統合党」「国民の力」と次々に党名を変えた。イメージカラーも青から赤に変え、「党」という言葉も外した。同党関係者は「それだけ、大規模な変革を迫られているからだ」と話す。進歩勢力も頻繁に名前は変えるものの、たいていの政党名には「民主」という言葉が入るように、保守に比べて連続性を維持しているように見える。

なぜ、保守政党が「政治家の政治」から「政党による政治」に脱皮できないのか。「国民の力」の関係者は「政治家はライバルの出現を嫌がる。有望な新人政治家が出てこないよう、党公認候補選びなどで邪魔をした弊害が出ている」と語る。確かに、尹大統領の戒厳令失敗による政局で、「次の大統領候補」として名前が挙がったのは、2017年大統領選で敗れた洪準杓《ホンジュンピョ》大邱市長や呉世勲《オセフン》ソウル市長ら、20年前くらいから「将来の大統領候補」と言われ続けて来た人しかいない。与党議員の一人は「名前が挙がっている人は皆、オールドボーイ。もっと政党政治家を育てないと、韓国保守の未来はない」と語る。

## 宗教にすがる市民たち

韓国の政治、特に保守政党が市民をいらだたせ、失望させているのはなぜだろうか。保守政党が名前を変えたり、指導者を外部から借りて来続けたりしているのは、政党自身に魅力がないと言われているからだ。過去の保守政党の魅力とは、「明日は今日よりも良い生活が待っている」という希望を、一般の人々に与えることができたことだった。朴正熙政権が実現した「漢江の奇跡」に代表されるように、浦項《ポハン》製鉄（現・ポスコ＝POSCO）、京釜高速道路、地下鉄・高速鉄道網など様々なインフラが整備され、1988年にはソウル五輪も開かれた。ところが、現代の韓国は、財閥に頼った経済成長に伴う富の偏在や過度な競争社会、少子高齢化などの問題に苦しんでいる。いきおい、現代に生きる韓国市民の不満は「平等性」と「公平性」に向かっている。のちに詳述する「韓国のお年寄りの受難」「男女間の対立」「学歴社会への絶望」「占いへの傾倒」などは、すべて「平等性・公平性が欠けている」という一般市民の不満が根底にある。

2020年から感染が拡大した新型コロナウイルスは、この韓国市民の「不満」をあぶりだした。コロナ禍で制限され、韓国市民が宗教にすがる姿を浮かび上がらせたからだ。20年夏、新型コロナウイルスの感染第2波が韓国を襲った。1日あたりの新規感染者数は、8月前半は30～50人程度だったが、8月13日に約3週間ぶりに100人を超えた。21日には324人を記録するなど、21～23日はそれぞれ1日あたり300人台を記録した。

この「感染第2波」の震源地とされているのが、8月16日に集団感染が明らかになったソウルにあるサラン第一教会だった。中央災難安全対策本部によれば、24日昼までに感染が明らかになった教会関係者は875人に上った。

サラン第一教会はプロテスタント系で、教会を率いるチョン・グァンフン牧師の強烈な政治活動によって、「極右教会」というレッテルを貼られてきた。チョン牧師は朴槿恵政権の熱烈な支持者で、当時の朴槿恵大統領を応援する太極旗集会を何度も主催してきた。

20年2月末には不法な集会を主導したとして公職選挙法違反で逮捕・拘束されていたが、健康が悪化するなどしたために同年4月に保釈されていた。

ソウルにある500人規模の教会に通う韓国の知人は、チョン牧師のことを「強烈な個性の持ち主で、嫌う人も多いが、保守が多い高齢層の一部に熱狂的な信者がいる」と語る。韓国では20年3月から5月にかけて教会での礼拝もオンラインになっていたが、第1波が落ち着いたことで、手洗いや検温などを徹底することを条件に礼拝が復活していた。この知人は「信者が、保釈されたチョン牧師を熱狂的に迎えたため、身体的な接触が予想外に増えてしまったようだ」と語る。教会のそばに自宅がある知人によれば、サラン第一教会がある場所は再開発地区に指定されていた。立ち退きや再建築を巡る補助金額などで行政側と折り合わず、信者が抗議のために教会で合宿生活を送るなど、「3密」が心配される状況に陥っていたという。

チョン牧師は自身も感染が疑われていた状態のまま、日本統治からの独立を祝う光復節の8月15日、ソウル中心部の光化門で開かれた保守系集会に参加。集会は当初、500人規模とされていたが、全国から貸し切りバスを使って高齢者を中心にした市民が3000人から4000人程度集まったという。

韓国はアジアでは、フィリピンに次いでキリスト教信者が多い国だとされている。韓国ではカトリック、プロテスタント、仏教が3大宗教勢力として知られる。知人のカトリック信者は「カトリックの信者数は500万から600万人。プロテスタントは1300万人くらい。仏教の信者はそれ以上いる」と語る。韓国統計庁によれば、17年時点でキリスト教信者はカトリックが約390万人、プロテスタントが約970万人で計1300万人以上になり、全人口の4分の1を占める。教会は日本統治時代や戦後の軍事独裁政権下で抵抗運動の先頭に立ったことから戦後、信者が急増した。米国から宣教師が多数、韓国に派遣され、教会が朝鮮戦争で荒廃した国土の復興の拠点になったこともあった。

## 「戒厳令が韓国を救った」と絶叫した牧師

韓国でも、政教分離原則はある。宗教団体が明示的に選挙で特定の候補を応援することはしない。でも、別の信者は「教会に行けば、こんどはこの候補を推す、という話が内輪で広がる」と語る。政治家も放っておかない。主要な選挙が終わると、当選者が有力寺院や教会を回って挨拶するというのも、日常風景だ。選挙のたびに、候補者が教会を訪れる風景も珍しくないし、逆に積極的に政治に介入する教会関係者も大勢いる。特に、プロテスタント系は教会同士の生存競争が激しいほか、布教活動に熱を入れる余り、政治活動にのめり込む牧師も多い。チョン牧師は24年12月の戒厳令騒ぎの際も、尹錫悦大統領を応援する集会にしばしば登壇。「不正選挙は事実」「戒厳令が韓国を救った」などと絶叫した。牧師たちは、尹大統領夫妻が立てこもったソウル・漢南洞の大統領公邸の前にも現れ、市民や信者とともに大統領に声援を送った。韓国で政教分離が難しい理由がここにある。

そして、教会は、様々な社会的な難題に疲れた韓国の人々を癒やしてくれる貴重な場所になっている。ソウルで300人規模の教会に通う知人の場合、毎週日曜日の午前10時過ぎに教会に出かける。礼拝は、賛美歌の斉唱、牧師による説教、献金、信者同士のあいさつなどの順で、1時間30分ほど続く。その後、信者同士が集まって昼食を1時間くらいかけて摂る。

コロナ禍以降、若い人を中心に教会に行くのを避ける信者もいる。知人は「コロナのせいで、礼拝する人が3割くらい減ったと、信者同士で話している」と話す。でも、逆に「コロナの感染が拡大したり、国が難しい状況に陥ったりしているときだからこそ、もっと祈るべきだという気持ちにもなってくる」と語る。そして、「礼拝はいつでもどこでもできるが、やはり教会で礼拝するのが一番良い」とも話す。

知人たちは、教会は単なる場所ではなく、キリストが遣わされる場所だと考えている。神聖な場所で、一緒に集まって礼拝することが、基本的な義務だと考えている。「家族と同様に、教会が最も重要な社会的な共同体単位になっている。場合によっては、血を分けた兄弟よりも強い連帯を感じることもある」と話す。民主化闘争の際に、教会が市民を守った歴史も影響しているという。

一方、前述した５００人規模の教会に通う知人によれば、礼拝に通う信者の7割が女性だという。特に40代以上の中高年層が多い。「韓国は長く男尊女卑の習慣が残り、女性は社会的に隔絶されていた。教会は社会的なネットワークを作る貴重な場所になっている」と話す。また、別の知人によれば、韓国では、貧しかったり、競争社会に敗れたりしてストレスを抱えた人が大勢いる。現世での御利益を求める人も多く、「奇跡」が起きたと噂になった教会が急拡大するケースもあるという。「ヘル朝鮮」と地獄にたとえられるほど熾烈な競争社会であり、「金のさじ、銀のさじ」という言葉が流行るほど、生まれた時からの格差に悩むなど、ストレスフルな韓国社会だからこそ、教会に救いを求めたくなる信者が増える。礼拝に来てもらわないと献金が集まらないという教会側の事情も重なる。

## 年収の10分の1を献金

日本では、22年7月の安倍晋三元首相銃撃事件から、世界平和統一家庭連合（旧・統一教会）が抱える様々な問題に再び焦点が当たった。そのうちの一つに、犯行の背景として指摘された、信者に対する無理な献金強要があった。同教会は22年10月4日の記者会見で、信者からの献金について、月収の3割を一定の基準とする改革指針を発表した。「月収の3割」が高額献金か否かの判断になるのかどうかはわからない。一方、旧統一教会が生まれた韓国では一応、「年収の1割」という通り相場が存在する。

韓国人ならだれでも知っている言葉の一つに「シビルチョ（十一祖）」がある。これは年収の10分の1を献金するという意味だ。知人によれば、ローマ教皇庁を頂点として各教区を通じて教会を管理するカトリックの場合、神父の給与も保障されている。このため、シビルチョもそれほど厳しくない。「今年は子供の受験で大変です」などと申告すれば、「今年は年3％でやりましょう」などとしてくれる。これに対し、各教会が独立採算制を採るプロテスタントの場合、シビルチョが厳しくなる傾向がある。厳しい教会になると、信者の献金達成率をグラフにして貼りだすこともあるという。旧統一教会の元信者によれば、旧統一教会にも「シビルチョ」がある。ただ、それは献金の基本中の基本で、それ以外に様々な献金の要請が来るのだという。

それにしても、年収の10％と言えば結構な金額だ。私の知人のプロテスタント信者は「カネで信仰を証明するなんておかしいだろう。じゃあ、韓国でキリスト教が広まるまでの時代に生きた人々はみんな地獄に落ちたのか？　そんなことありえない」と怒る。彼は近所の教会をあちこち回り、シビルチョをうるさく言わない教会を見つけて、通っているという。別の信者は「キリスト教には様々な宗派がある。自分は、その宗派がサイビ（偽物）かどうかを見分ける判断基準の一つは、メチャクチャな金額の献金を要求するかどうかに置いている」と語る。

知人の一人によれば、家庭の事情でシビルチョが守れない場合、その信者は代償として、教会主催の奉仕作業や行事に主戦力として駆り出される。仏教界でも、日本よりも厳しい「お布施」の取り立てがあるという話も聞いた。信者の数とそれに比例した財力があれば、パワーも生まれよう。韓国で、旧統一教会による布教活動が目立たないのも、強大な力を持つカトリックやプロテスタントが新興勢力の台頭を許さないという事情があるようだ。

日本人の筆者には「そこまで苦しみながら、教会や寺に通う必要があるのか」と思えてしまうが、知人たちに言わせれば、それこそが、「宗教に救いを求めざるを得ない、韓国の事情」によるものなのだ。

「平等性・公平性」を強く願う韓国の人々にとって、「神様（仏様）の前ではみな平等」と説く教会や寺院は、なくてはならない存在になっていった。筆者も特派員時代に、秘密の南北協議が行われていないかどうかを確認するとき、教会のお世話になった。韓国政府で秘密交渉をやりそうな当局者が通う教会に目星をつけておき、そこの信者に当局者の出欠状況を確認してもらっていた。果たして、出張でもないのに教会に来ないとき、その当局者は秘密交渉を行っていた。韓国の知人の一人はこう語る。「それだけ、韓国が生きづらいということだよ。神や仏にすがらないと、やっていけない世の中なのさ」。

## 尹大統領が期待した釜山万博という夢

神や仏にすがらないとやっていけないほど、不満や不安を抱える韓国の人々は多い。尹大統領はこの状況をうまく解決できなかった。後に述べる医療改革などには手をつけたが、選挙目当てで独善的な手法が目立った。逆に、やらなくてもいい政策に走ることも多かった。そのひとつが「イベント政治」だ。韓国では、1988年のソウル五輪の成功が今なお、市民たちの脳裏に深く刻まれている。このため、政治家たちは「パルパルオリンピック（88＝パルパル）の夢よ、もう一度」とばかりに、大きな国際行事に期待をかける。尹氏の場合、それは「2030年の釜山万博開催」という夢だった。

韓国の釜山万博誘致にかける熱量は、大阪・関西万博を巡る日本の誘致活動と重なるものがあった。2022年7月、BTSを釜山万博広報大使に任命。同年10月には、釜山で開かれたBTSの無料コンサートに韓国駐在の外交団が多数招待された。ソウルの外交筋によれば、アフリカのある国の大使夫人は「私にもっとチケットを回してくれたら、釜山万博に票を入れるわ」と本気なのかどうかわからない「申し入れ」をしたという。

また、韓悳洙首相や朴振《パクチン》外相（当時）ら政府高官を次々、パリに派遣して、BIE（博覧会国際事務局）総会で投票権を持つ国々に働きかけた。尹大統領自身も、23年11月にパリに乗り込み、BIEの各国代表らを招いた夕食会を催して釜山万博誘致を訴えた。同月26日には日中韓外相会談を釜山で開催した。サムスン、現代、LGなど韓国の各財閥はそれぞれ地域を分担して誘致活動に協力。最終盤には各財閥トップが続々パリに入った。

ところが、知人たちの証言によれば、韓国内で盛り上がりはほとんど見られなかったという。メディアは派手に動く大統領や財閥の姿を追いかけて報道したが、万博そのものに関する話題は大きくならなかった。韓国紙大手・東亜日報は「釜山万博は少子高齢化とグローバル経済秩序の再編で低成長の危機感が強まっている韓国経済の再躍進に役立つ良い機会だ。釜山市中心で推進されていた万博誘致が18年に国家事業に格上げされた理由だ」と説明。釜山市は総入場者予測を3400万人とし、60兆ウォン（約6兆円）以上の経済効果があると訴えたが、関心は広がらなかった。ソウル近郊に住む60代の男性は「世間では盛んに景気が悪い、家計の負債が増えているという話ばかりだ。万博よりも他に税金を使うべきだろうと思っている人が多かった」と話す。

この男性は「今の韓国は、大田《テジョン》万博を開いた1993年とは違う」とも語る。韓国中部の大田市で開かれた大田万博は、韓国初の万博として、来場者は目標の1000万人を超える1400万人を数えた。韓国が市民の海外旅行の全面自由化に踏み切ったのが1989年だった。男性は「まだ国際的な行事が珍しい時代で、政府も各学校に団体見学を勧めるなど力を入れた。市民も、先端技術や世界の物珍しい展示に関心を示し、大田万博は大いに盛り上がった」と話す。

ところが、今やスマホがあれば、ありとあらゆる情報を手に入れられる時代になった。韓国もサッカーのワールドカップ大会や主要20カ国・地域（G20）首脳会議など、様々な国際イベントを経験してきた。ソウルに住む50代の男性は「スポーツならいざしらず、万博では市民の関心を集められない」と話す。

　では、なぜ、韓国の政財界は誘致に夢中になったのか。韓国に駐在した経験がある日本の元政府関係者は「国際的な支持を集めなければならないという強迫観念が、韓国の人々のDNAにある」と語る。韓国は北朝鮮との間で激烈な体制競争を繰り広げてきた。かつては国連加盟を巡り、現在は北朝鮮に対する制裁の是非などを巡り、国際的な支持を広げようと努力している。元政府関係者は「日本に負けたくないという意識もある」と語る。「東京五輪ならソウル五輪を」「自衛隊がイージス艦を購入するなら韓国軍も」という気持ちが働く。「2025年に大阪・関西万博なら、2030年に釜山万博を」という発想だ。貿易立国というお国柄も、万博誘致を目指す背景にあるのかもしれない。

　一方、韓国の政界関係者らは一様に「2024年春の総選挙対策だ」と語っていた。PK（釜山・慶尚南道）は元々、保守の牙城だったが、近年は進歩勢力の躍進がめざましい。関係者の一人は「釜山万博の誘致に成功すれば、保守の評判が上がる」と語る。確かに2024年4月の総選挙で、与党「国民の力」は、釜山市の全18選挙区で17勝1敗と圧倒的な勝利を収めた。ただ、総選挙は「釜山万博の落選」が決まった後に実施されており、万博効果だったのかどうかには疑問符がつく。

結局、「国際的な行事を誘致すれば政治的な得点になる」という旧来の発想から抜け出せない政財界が中心になって作り出した騒ぎだったと言える。幸いだったのは、日本では3000億円以上に達する大阪・関西万博への巨額の支出を巡る批判が起きているが、韓国ではまだ起きていなかったことだろう。前述の60代男性は「韓国では経費の計算まで、話が具体化していなかったが、誘致に成功していれば当然、日本のような騒ぎが起きただろう」と語る。前述の50代男性も「予算の話を出したら、誘致に水を差す。与党も野党も釜山万博推進の立場だったため、予算の話を持ち出せずにいた」と話す。韓国の人々は大阪・関西万博を巡る日本の状況を知ったら、どう思うだろうか。

23年11月28日、パリでBIEの総会が開かれ、30年万博の開催地にサウジアラビアのリヤドを選び、釜山は涙を飲んだ。30年余の歳月は韓国の姿も韓国人の意識も大きく変えたのに、「変わらないのが政治家だけ」という姿を浮き彫りにしただけに終わった。尹大統領は当時、乗り込んだパリのホテルで財閥トップらと大酒を飲んだという。関係者は「財閥トップたちは悪酔いして大変な修羅場になった」と語る。劣勢を悟ってのヤケ酒だったのかどうかはわからない。

25年の年初にソウルで面会した尹錫悦大統領の外交ブレーンは「韓国の大阪総領事が張

り切っていたのに」とぼやいた。「なんで、大阪総領事が」と尋ねると、ブレーンはこう答えた。「尹大統領は（25年4月から10月に開かれる）大阪万博を楽しみにしていた。大統領として健在なら、きっと大阪を訪れていただろう。総領事にとって大統領と直接会える貴重な機会になったはずだ。自分のさらなる昇進を売り込むチャンスだったはずなのに」。変わっていないのは、尹大統領だけではなかったらしい。

## 「イベント政治」が生んだ悲劇

「釜山万博が実現しなくてよかった」と考えている韓国市民は多い。ところが、「イベント政治」が実現してしまったために生まれた悲劇もあった。南西部・全羅北道で、158カ国・地域から4万3000人の参加者を集めて2023年8月1日から12日まで計画された、ボーイスカウトの祭典「2023世界スカウトジャンボリー」だ。韓国が政府を挙げて迎えた国際大会が、かえって大混乱を招いた。予想を超える酷暑と劣悪な環境に危機感を覚えた代表団が次々に撤収。会期は1日短縮され、11日にソウルで開かれたK－POPコンサートで幕を閉じた。

現地の野営地は「セマングム」と呼ばれる、全羅北道の広さ約8・8平方キロに及ぶ広大な干拓地だった。日中に35℃前後に達する猛暑を避ける日陰がない上、シャワーやトイレが不衛生で用意された数も不十分だと指摘された。食事や飲料水も不足した。ぬかるんだ土地にわいた大量の虫に刺され、肌のかぶれなどに苦しむ参加者が続出。連日、多数の熱中症患者が出たこともあり、最大規模の4000人以上を派遣していた英国代表団が4日には早々に現地から撤収。米国やシンガポールなどの代表団も後を追った。韓国政府で行事を担当した女性家族省は、台風6号の接近を理由に残りの代表団も現地から離れることにしたと説明した。

約1600人が参加した日本代表団の場合はどうだったのか。日本代表団でも毎日数人程度の熱中症患者が発生していた。新型コロナウイルスやインフルエンザの患者も各20人ほど出たが、当初は「何とかなる」とも考えていた。ところが、米英などの撤退がニュースで伝えられると、日本から事態を見守っていた保護者などから心配の声が上がった。現地でも徐々に疲労感が濃くなり、「暑くてこれ以上、耐えられない。屋根があるところに避難したい」という主張に変わり、8日に野営地を離れたという。

世界スカウト連盟総会が韓国を「2023ジャンボリー」の開催地に選んだのが2017年8月。韓国メディアも散々、「6年も準備期間があったのに何をしていたのか」と批判した。文在寅政権当時から始まった話だけに、尹錫悦大統領だけの責任ではない。ただ、猛暑や台風についても、気候変動問題が世界のトレンドになっている昨今、「予想できなかった」という説明には、十分な説得力がない。予算は１１７１億ウォン（１１７億円）もあったと報じられている。

日本政府関係者の一人は「こうした事件が起きるたび、『韓国は安全不感症』という指摘が出るが、的外れとは言えないだろう」と語る。22年10月のハロウィーンに、群集雪崩によって１５０人以上が死亡したソウル・梨泰院《イテウォン》の雑踏事故でも、事前に十分な交通規制を敷いていなかったという指摘が出た。韓国メディアは、ジャンボリー会場の水はけが悪く樹木が育たなかった理由に、セマングム開発を急ぎたい地元政府が、公的財源から埋め立て予算を引っ張ってこようと、無理に開発したことを挙げている。

## 「国格」と「映えの文化」

この惨状を目の当たりにして思い浮かんだのが、韓国の人が好んで使う「国格《クッキョク》（国の品格）」という言葉だ。２０１０年、当時の李明博政権は「国格向上運動」を始めた。同年11月の主要20カ国・地域（G20）首脳会議主催に合わせ、「G20として恥ずかしくない国をつくる」（韓国政府関係者）のが目的だった。李明博氏はこの年の新年演説で「国格を高めるため最善を尽くす」と宣言している。

韓国は1910年から45年にかけ日本に統治され、「亡国」のつらい時代を過ごした。祖国への愛情は人一倍強く、自負心も並々ならぬものがある。韓国の人々がよく使う言葉の一つが、「漢江の奇跡」と呼ばれる高度成長についての「欧米は100年、日本は50年かかったのに、我々は20年で成し遂げた」というものだ（人によって、主張する年数は微妙に異なる）。23年5月に広島で主要7カ国首脳会議（G7サミット）が開かれたが、韓国では「韓国も加わってG8に」という記事が間欠泉のように流れる。この感情に支えられた行動の一つが「国際大会」の誘致だ。

G20もそうだが、韓国は国際的なイベントの誘致に情熱を燃やす。この世界ジャンボリーでも、尹錫悦大統領が開営式に出席した。国際的な評価を気にするため、ジャンボリーで混乱が広がり始めると、韓国政府は急遽、69億ウォン（約6億9000万円）規模の緊急支援を決め、医師やエアコン付きのバス車両を派遣するなど、迅速な対応ぶりを見せた。日本代表団の場合、救援要請を受けたソウルの日本大使館が韓国外交省に「何とかしてくれ」と頼むと、すぐに忠清北道にある救仁寺《クインサ》を提供した。同時に、日本側に対して「（本国に帰るという）撤退ではないよね」と何度も確認を求めてきた。梨泰院雑踏事故でも、韓国政府は日本人被害者の遺族に対し、ソウルでの宿舎の手配や弔慰金の支払いなどで誠意のある対応を見せたという。

外聞を気にするのは人間の性《さが》だが、韓国には特に「映《ば》えの文化」を強く感じる。韓国では登山やサイクリングを趣味にする人が多いが、「まずは外見が大事」とばかり、本格的なウェアや装備品をそろえるところから入る人がほとんどだ。１９９４年10月に起きたソウル・漢江にかかる聖水《ソンス》大橋の崩落事故、95年６月に発生したソウルの三豊《サンプン》百貨店崩壊事故の際も、「高度成長に浮かれ、安全点検を怠った」という指摘が出た。

尹大統領の弾劾が話題になっていた２０２４年12月29日、韓国南西部の務安《ムアン》国際空港で、バンコク発務安行きのチェジュ航空機（ボーイング７３７－８００型）が着陸に失敗し、滑走路の外壁に衝突して炎上した。乗客乗員１８１人のうち１７９人が死亡する大惨事になった。バードストライクが原因とみられる着陸装置の故障から胴体着陸をした機体は、時速２００キロ以上のスピードで空港の周囲を囲んだコンクリート壁に激突したとされる。ソウル・光化門にある中央庁舎群の太極旗はみな半旗になり、国会議員や政府高官たちは喪章をつけた。この事故でも、空港にあったコンクリート構造物の危険性などが指摘された。事故直後に会った韓国政府高官は「なぜ、空港の周囲をコンクリート壁で囲んでいたのか。周囲は海だったから、むしろ鉄条網などで囲んでいれば、もっと生存者が多かったのではないか」と語った。この時点では詳しい調査結果が出ていなかったため、正鵠を射た発言かどうかはわからない。しかし、この発言を聞きながら、私は「なぜ、また、こうした事故が繰り返されてしまったのか」というやるせない気持ちに襲われた。

## 長幼の序が崩れ、お年寄りが生きづらい国に

2024年末から25年初めにかけ、ソウルで開かれた政治集会、特に尹錫悦大統領を支持する保守系集会には、お年寄りの姿が目立った。みな、零下の気温だというのに、路上に置かれたプラスチックの椅子に座り、無心で太極旗を振っている。芯まで体が冷えると、近くのカフェに三々五々移動し、コーヒーを飲みながら、声高に「共に民主党」や李在明同党代表の悪口を言い合っている。そんなお年寄りを眺めていた知人は「ハラボジ（おじいさん）やハルモニ（おばあさん）たちは、自分たちの存在価値を確認しているのかもしれない」と語る。韓国ではどんどん、「お年寄りが生きづらい国」になっているからだ。

韓国政府は24年12月24日、65歳以上の高齢者が総人口の20％を超えたと発表した。韓国

はこの状態を「超高齢社会」と定義する。従来、25年に20％を超えると予測していたが、どんどん高齢化の速度が加速している。同年7月には65歳以上の高齢者が初めて1000万人を超えた。韓国人男性の平均寿命は86・7歳、女性は90・7歳だ。日本が朝鮮半島を併合した1910年当時、朝鮮半島の人々の平均寿命は30代半ば程度だった。100年で寿命が倍以上延びた計算だが、それは幸福なことだとも言い切れない。

韓国保健福祉省は24年6月、「2023年　高齢者虐待現況報告書」を発表した。23年、65歳以上の高齢者虐待の通報件数は約2万2000件で、前年から12・2％増えた。通報件数が2万件を超えたのは初めて。全通報の32％にあたる7025件が虐待と判断された。19年は同約5200件で、毎年増え続けている。生活が苦しかったり、高齢や認知症などで周囲に負担をかけたりする状況から生まれるストレスが原因だとみられている。殴ったり蹴ったりする身体的虐待や罵詈雑言を浴びせる精神的虐待が混じり合うケースが多い。「身内の犯罪」が特徴のため、通報をためらうケースが多く、実態ははるかに深刻な状況だとみられている。

こうした傾向は、儒教文化が今なお残るとされる韓国ですら、「長幼の序」が崩れつつあることを示している。24年の暮れ、ソウルの地下鉄に乗った。年末年始も社会が動いている韓国では、午後8時くらいの車内は立っている人も多かった。お年寄りが地下鉄ホームで電車を待っていた。地下鉄が停車する直前、20代とみられる男が、いきなりお年寄りの前に立った。そのまま、男は何もいわず、お年寄りを邪魔するように先に電車に乗り込み、一つだけ空いていたシートに腰を沈めた。恨めしそうに男をみる、お年寄りを一瞥しただけで、男はスマホをいじり続けた。少し前の韓国なら考えられない光景だ。

## 「貧困老人」が増えている

米世論調査機関「ピュー・リサーチ・センター」は21年11月、世界の主要17カ国・地域に住む成人1万9000人を対象にした世論調査を公表した。調査は「人生で最も大切なもの」を尋ねた。総合では「家族」が38%、「仕事」が25%、「物質的な豊かさ」が19%だった。17カ国・地域のうち、「家族」が最多でなかったのは台湾、スペイン、韓国。台湾人は「社会」、スペイン人は「健康」が最多だが、韓国人は「物質的な豊かさ」が最も多かった。

そして、韓国では不十分な社会福祉制度の影響もあり、「貧困老人」が増えている。低所得者なら誰でも受け取れる月額30万~40万ウォン(約3万~4万円)の基礎年金だけで生活している高齢者も多い。中には高齢者に支給される無料パスを使ってバス・地下鉄を利用し、簡単な小包の「個人配達」で日銭を稼ぐ高齢者もいる。1回あたり、3000〜4000ウォンくらいにしかならなくても、貴重な収入源になる。たまに、地方自治体で「花壇の手入れ」「公園の清掃」など、高齢者でもできる軽作業のイルチャリ（働き口）が出ても、働きたい高齢者が多く、すぐに埋まってしまう。

ソウル中心部のタプコル公園では、軍人将棋などで時間をつぶし、昼食時には近くの無料給食所に列を作る高齢者が大勢いる。食事もアルミの食器プレートにご飯やキムチ、簡単なおかずが載っただけの粗末なものだが、みな黙々と食事をしている。ギリギリの生活をしているため、病気やケガなどで臨時の医療費がかさめば、たちどころに行き詰まる。1970年代まではよく見られた3世代が同居する「大家族世帯」であれば、子供が面倒を見たが、今では負担を嫌い、すぐに療養院（老人ホーム）に親を送り込むという。

韓国の2023年の合計特殊出生率は0・72で、8年連続で過去最低を更新した。出生率が1を割り込んでいるのは、OECD（経済協力開発機構）加盟国で韓国だけだ。韓国のどの家庭も貴重な「人材」を腫れ物のように扱う。受験競争に勝つため、莫大な教育費用を投入して勉強に打ち込ませるが、情操教育や社会活動などには見向きもしない。高齢者と街で出会っても、どういう風に振る舞えばよいのかわからない若者ばかりだ。若者の暴力におびえる高齢者も多い。地下鉄に乗る場合、一般席は避け、必ず敬老席（シルバーシート）に向かう。

だが、韓国政府は高齢者を虐待した犯罪者情報の開示などには取り組んでいるが、高齢者の貧困に取り組むための社会の意識改革などには十分取り組めていない。24年末に保守系の政治集会で熱狂するお年寄りたちに対し、周辺で行きかう若者たちは全く関心を示していなかった。むしろ、「危険な人々」とでも考えているのか、参加者のお年寄りが配っていた太極旗の小旗やポスターを受け取ろうとする若者の姿は皆無だった。その後、極右系ユーチューブチャンネルが連日、尹錫悦大統領を応援する番組を配信すると、徐々に大統領公邸に駆けつける若者の姿も増えていった。これは、お年寄りに対する関心とは、また別の現象なのだろう。

### 犬食禁止と忖度

韓国で2024年1月9日、食用目的での犬の飼育・食肉処理・流通などを禁じる特別法（犬食禁止法）が成立した。違反者には、3年以下の懲役、または3000万ウォン

（約300万円）以下の罰金が科される。犬肉に関係する業界に配慮して、法律の施行は公布から3年後とする猶予期間も設けられた。

過去、1988年のソウル五輪など国際社会の視線が韓国に集まるたび、話題を集めてきたのが、長い歴史を誇る韓国の「犬肉文化」だった。東洋文庫『朝鮮の料理書』（平凡社）には、「狗肉の腸詰」「狗肉の串焼き」「狗肉の汁」「狗肉の蒸しもの」など、朝鮮王朝時代の調理方法が詳しく紹介されている。長く、牛や豚、鶏などを十分に食べられない時代があり、犬肉は朝鮮の人々にとっての貴重なタンパク源として愛好されてきた。

ほぼ60代以上の韓国の知人たちも「ケコギ（犬肉）は伝統的な特別食」と口をそろえる。日本でも「補身湯《ポシンタン》」という名前で知られているように、韓国では夏の暑い時期、日本の「土用の丑」にあたる「三伏《サムボク》」に、補身湯や参鶏湯《サムゲタン》などの滋養食を楽しむ習慣がある。また、犬肉は「美容に良い」「怪我や手術後の傷を早く治す効能がある」などとも言われてきた。

韓国スポーツ界で働いてきた60代の知人は現役当時、夏になると記者クラブに出入りする韓国記者団を招いて犬肉を振る舞った。「食べない記者も一部いたが、たいていの記者は出席した。補身湯は、（牛の肉や内臓を煮込んだ）ソルロンタンより2～3倍高いから、記者たちも喜んで食べていた」と話す。犬肉は独特の臭みがあるとされ、敬遠する人もいるが、この知人によれば、評判の良い店は調理方法もしっかりしていて、臭みは全く感じないという。財界人にも「犬肉ファン」がいて、1年に1~2度、1人あたり7万ウォン(約7000円)くらいの高級犬肉セットを楽しんでいたという。

もちろん、これは長い歴史があってのことで、犬肉文化を知らない外国人からみれば、「野蛮な行為」に映るのだろう。1990年代にソウル大に留学した外交官の知人は、ソウル大生から「理系の奴らは新歓コンパに犬を連れてきて、みんなで食べているらしい」という話を聞いて震え上がった。ソウル近郊の水原市にあった犬肉専用市場に行くと、檻に入れられた中型の食用犬が、視界に入るだけで数十匹以上いた。そこでは猫も売られていて、市場関係者から「これは漢方薬に使うから」と聞かされ、更に仰天したという。

では、なぜ2024年になって犬食禁止法が成立したのだろうか。韓国メディアによれば、法律化の動きは文在寅政権の時代に始まった。21年9月、文大統領が犬の食用に慎重になるよう周囲に指示。22年5月に尹錫悦政権が発足すると議論が再開された。23年6月、議員立法の提案が始まり、計8案が出そろった。23年12月、法案が一本化され、24年1月、法制化と相成った。大韓育犬協会など、犬肉に関係する団体は「飼育中の200万匹の食用犬をどうしてくれるんだ」と怒り狂い、犬食禁止法を推進した国会議員の落選運動を行うと息巻いたが、議員たちは超党派で圧力をはね返したという。

　この法制化を巡っては、様々な解釈が乱れ飛んでいる。間違いないのは、韓国内での「動物愛護」を巡る雰囲気の高まりだ。食生活が豊かではなかった中世から戦乱が続いた近現代にかけ、韓国では、まず人間が生き残ることが最優先されてきた。犬を「補身湯」などにして貴重な栄養源としたのが、その象徴だ。犬をペットにする習慣も、１９８０年代ごろまでは富裕層などに限られていた。ところが、高齢化社会や核家族化で孤独な人が増えたこともあり、韓国語で言うところのペットの「位相（地位）」が確実に上がっている。最近では漢江の川べりをペットを連れて歩く高齢者の姿が目に見えて増えている。

　韓国では長らく、ペットを「愛玩動物《エワントンムル》」と呼んできたが、最近では「伴侶動物《パルリョトンムル》」に変化した。ペットを家族の一員と位置付ける動きは数年前からあり、２０２０年から22年にかけての新型コロナウイルスの感染拡大で一気に加速した。最近でも、ちらほらと、「補身湯」の看板を下ろす食堂が出ているという。相変わらずの食糧難で、犬肉が「甘肉《タンコギ》」として珍重されている北朝鮮とは対照的な動きだ。

　韓国では犬に比べて、猫は「目が冷たい」「何を考えているのかわからない」などという評価を受けていたが、最近は猫をペットにする人も激増している。こうしたペットに対する見方の変化が、「食べるなんてとんでもない」という声を後押ししたのは間違いない。韓国メディアは、犬食禁止法を好意的に伝えた欧米メディアの報道を詳しく転電したが、国際社会の視線を気にしがちな、韓国の空気も一役買ったと言えるだろう。

ただ、それでも法律まで持ち出すのは如何《いかが》か、という声もある。日本の官僚の知人は「私だったら、そんな法案は立案しませんけどね」と語る。韓国の元政府関係者も「法律は、食べたら違法とはしていない。人間の食文化を縛ることへの遠慮があったのかもしれないが、それにしても、度を超しているという印象も残る」と話す。

こうした「違和感」のためか、韓国の政界雀たちの間で、色々な「評論」「分析」が飛び交っている。中心にいるのは尹錫悦大統領の妻、金建希氏だ。金氏は2022年の大統領選中から、愛犬と一緒にいる姿をSNSで発信するなど、ペット好きの人物だということが広く知れ渡っていた。23年12月には、尹大統領のオランダ訪問に同行した際、アムステルダムで動物保護団体と面会し、「犬の食用禁止は大統領の公約だ」と言い切ってしまった。韓国大統領室も犬食禁止について尹大統領の国政課題の一つに含めるなど、法制化に積極的に関わってきた。

ここで、韓国の政界雀が騒ぐのが、「金建希氏への忖度《そんたく》」だった。強い夫婦愛はもちろん、実際に一緒にいる時間が長いことから、金氏の尹大統領への影響力には定評があった。例えば、23年4月に夫妻が訪米した際、韓国の人気グループBLACKPINKと米国のスター歌手、レディー・ガガの合同公演を巡っても、「金氏の怒り」がうわさになったことがある。「金氏は合同公演に乗り気だったのに、国家安保室が費用や日程の問題から消極的な対応に終始した。金氏は激怒し、結果的に儀典秘書官や外交秘書官、最後にはトップの金聖翰《キムソンハン》国家安保室長が次々に辞める事態に発展した」というものだった。韓国政界関係筋の一人は当時、「常識で考えて、金氏がいちいち国政に口を突っ込むとは考えられない。でも、忖度こそが韓国の政治文化。尹大統領夫妻、特に金氏が犬の食用禁止に熱心だというのは周知の事実だ。そうなれば、自然と事務方の対応も熱を帯びるというものだ」と語った。

また、従来、犬の食用禁止を巡っては、市民団体の影響力が強い進歩勢力に比べ、業界団体の保護などの観点から、どちらかといえば、保守勢力では慎重な姿勢が目立っていた。保守が立法化に動いた背景の一つには、「尹大統領夫妻への忠誠心」があるのではないか、という声も政界関係者から出ていた。韓国は当時、24年4月の総選挙を控えていた。苦戦が伝えられていた与党「国民の力」の議員たちは、保守の金城湯池とされるTK（大邱・慶尚北道）やソウルの江南区《カンナム》からの出馬を希望していた。こうした選挙区の現職議員の一人は「誰も彼も、有利な選挙区での出馬を目論むから、大変だ」と悲鳴を上げていた。政界関係筋の一人は「当選したい議員はみな、有利な選挙区での公認を狙って、韓東勲氏（当時、党を差配する非常対策委員長）と尹大統領のご機嫌をとりたいところだろう」と語っていた。

韓国政界とメディアはかまびすしかったが、一般社会は至って冷静な状況を維持していた。60代の知人は法律制定当時、「韓国の政界はローラーコースター（ジェットコースター）みたいなもの。（罰則が適用される）3年先がどうなっているかなど、誰も予想がつかないからだ」と語った。尹錫悦大統領の弾劾で、妻金建希氏の威勢も地に落ちた。どうやら、知人の見方は当たりそうだ。

**「医療大乱」**

高齢化が進む韓国の悩みの一つが「医師不足」だ。正確には、医師はそれほど不足していないが、診療科目や地域によって、医師の偏在が起きている。その問題を巡り、韓国で

24年２月から、専攻医（研修医）の６割以上がストライキに入る「医療大乱」が発生した。主に研修医が働く大規模な病院で手術を延期したり、夜間救急医療の受け入れを拒否したり、あちこちで混乱が起きた。原因は、尹錫悦政権が発表した大学医学部定員の大幅増員政策だった。実際、韓国の地方では「医師不足」を叫ぶ声が相次いでいるほか、後で詳述する「ビッグ５」と呼ばれるソウルの５大病院には患者が殺到する現象が起きていた。数が増えれば医師の「労働環境改善」にもつながりそうだが、なぜ、韓国の医師（の卵）たちは猛反発したのか。

尹政権は２０２５年度から医学部定員を、従来の３０５８人から５０５８人に増やすと発表した。これに対し、医大の学長らや大韓医師協会が「短期間での大幅増は受け入れられない」として強く反発。韓国には24年春時点で全国で約１万３０００人の研修医がいるとされるが、韓国保健福祉省が24年３月５日付で発表した報道資料によれば、４日午後８時現在、１〜４年目の研修医９９７０人の90・１％にあたる８９８３人が職場を離脱していた。一部は退職届も提出した。同時点で、緊急治療室の一般病床稼働率は37％、重症患者の病床稼働率は79％にそれぞれとどまるという混乱を引き起こした。

特に、「ビッグ５」と呼ばれる「ソウル大」「新村《シンチョン》セブランス」「ソウル峨山《アサン》」「サムスンソウル」「ソウル聖母」の5大病院で混乱が拡大した。セブランス病院では20ある手術室のうち、約半数が稼働できなくなった。ソウル近郊の京畿道水原市にある亜洲《アジュ》大学病院でも、夜間担当の研修医がいなくなり、教授たちが夜間診療を担当する事態に至ったという。

これに対し、尹錫悦大統領は「研修医と医大生が、国民の生命と健康を盾に取ってはならない」と強く批判した。韓国政府も出勤しない研修医らに業務開始命令を出し、それでも従わない者には医師免許の停止処分も検討した。政府と研修医の対立について、韓国世論は尹政権を支持した。世論調査会社「韓国ギャラップ」が2月16日に発表した世論調査では、76%が医学部の定員増に賛成し、反対の16%を大幅に上回った。

世論が尹政権を支持したのは「既得権を失いたくない医師のわがまま」（韓国政府元高官）と映ったからだ。「医師の平均年収は2億8000万ウォン（約2800万円）。しかも、定年を気にせずに働ける。医師の数が増えれば、それだけパイの奪い合いが激しくなる。自分たちのステイタスを維持したいだけだ」（同）。ソウル近郊に住む40代の会社員男性は「韓国で、医師は弁護士や検事などと並ぶ特別な職業という認識。特に肩書に弱い韓国人にとって、医師という職業は圧倒的なステイタスになる。両親も、子供を難関で学費がかかる医学部に入学させることを投資だと考えている」と話す。

## 建国以来積み重ねてきた宿痾

ソウルで2024年3月5日、外国メディアと会見した研修医の一人は「医師の数を増やすだけでは問題を解決できない」と訴えた。韓国政府元当局者も「この問題を医師だけに押しつけるのは可哀想だ」と話す。「今回の問題は、韓国が建国以来積み重ねてきた、様々な積弊《チョクペ》（宿痾《しゅくあ》）が凝縮しているからだ」という。この元当局者によれば、今回の「医師不足問題」の根本は、大まかに分けて、①地方の医師不足、②特定の診療科目での医師不足、③ソウルの「ビッグ5」への患者集中の3つが挙げられるという。

このうち、「地方の医師不足」と「ビッグ5への患者集中」は相関関係にある。ソウル南部、江南区にある鉄道・水西平沢高速線（SRT）の水西駅。この駅前では毎日、何台ものバスが停車し、駅から降りた乗客を乗せて走り去る。行き先は、近くにあるビッグ5病院の一角、ソウル峨山病院とサムスンソウル病院だ。バスは病院側が準備した、駅と病院を結ぶ無料シャトルバスだ。乗客の多くは地方に住む人々だという。

地方の人々のなかには、「自分が住んでいる街で十分な治療が受けられない」と考えている人も含まれている。一方、「どうせなら、最高水準の医療機関で受診したい」と考えている人も相当数いる。例えば、「医師不足が深刻」と言われている韓国南西部の全羅南道地域。中心都市の光州特別市には国立の全南大学校と私立の朝鮮大学校という医学部を抱える大学がある。両校ともに付属病院もある。それでも、ソウルのビッグ5病院を目指す患者は後を絶たない。ソウルの知人の一人は、健康診断で「血糖値が高い」と診断された。念には念を入れて検査をしたいと思い、ソウル大病院の内科に予約を入れた。返ってきた診察予定日は半年先だったという。この知人にはソウル大病院に勤務する外科医の知り合いがいるが、食事の約束をしても「急な手術の予定が入った」「研究論文の締め切りが迫っている」などの理由で、ほとんど実現したことがない。

尹大統領は24年2月の閣議で「優れた能力を持つ地域病院の存在を広く伝え、ソウル偏向現象を是正していく」と述べた。だが、前述の元当局者は「果たして、医師だけの問題だろうか」と語る。韓国の人々がよく語る言葉のひとつに「人はソウルに送れ、馬は済州島に送れ」という表現がある。人はソウルに出てこそ、立派な人生を送ることができる、という意味だ。この言葉を教えてくれた知人は「韓国の地方には、やり甲斐のある仕事がない。地方には向上心に燃える人物もいない」と語る。差別を含んだ言葉とも言えるが、それほど、韓国の地方の現状は厳しい。医師のなかには義務感や義侠心にかられて自ら地方に赴く人もいる。有り難い話だが、個人の善意に頼っているだけでは、制度としての充実した地方医療は達成できない。「医師の数だけ増やせば、地方に赴く医師もいるだろう」という発想は、かなり甘いと言わざるを得ない。

また、診療科目別の医師不足も深刻だ。現在、「美容整形外科」「皮膚科」「眼科」などの専門医は足りている一方、「外科」「内科」「小児科」「産婦人科」の専門医が不足している。知人の一人は「韓国にはオープン・ランという言葉がある」と教えてくれた。専門医が不足している診療科目では、「病院の診察時間が始まると同時に、受付に走っていく患者が相次いでいる」という意味だ。

別の知人は不人気診療科目について「外科は手術などで身体的な負担が大きい。内科は診療報酬が安い。小児科は、自分の病状をうまく説明できない子供を相手にしなければいけないし、モンスター・ペアレントのクレームも怖い。産婦人科も医療事故がつきまとう」と教えてくれた。人気がある診療科目は、美容整形や皮膚のシミ取り、レーシック手術など、公的医療保険が適用されない自由診療が多い。医師が自由に診療報酬の値段を決められるため、収入も増える。当然、医師の間で人気も高まる。だが、自由競争である以上、「もうけ主義に走る医師はけしからん」という批判だけでは、対策にならない。

こうした点を考えると、「単純に医学部定員を2000人増やすだけでは問題の解決にならない」という、研修医や大韓医師協会の主張にも一理ある。増えた2000人の大多数はきっと、ソウルを含む首都圏での勤務を希望するだろうし、美容整形外科や皮膚科、眼科の専門医がさらに増える結果になる可能性が高い。韓国政府元当局者の一人は「尹政権は単純に医学部定員の2000人増という政策を打ち出すだけではなく、医師が不人気診療科目や地方にも目を向けるような政策を一緒に提案すべきだった」と語る。

そもそも、尹氏が打ちだした「医療改革」は、同年4月10日に行われた総選挙（定数300）のための、「世論対策」だった。実際、韓国の世論調査会社「リアルメーター」が24年2月26日に発表した世論調査結果によれば、尹大統領の支持率は41・9％で、23年6月以来、約8カ月ぶりに4割台を回復した。国民の7割以上が支持する医療改革案が追い風の一つになったとも言える。政界筋の一人は当時、医療改革が国民に支持されたことから「これまで、『国民の力』は100議席にも届かないかと思っていたが、もしかすると130くらいまで議席を伸ばす可能性も出てきた」と語っていた。別の元政府当局者は「韓国では従来、医療、教育、労使が改革の必要な3問題と言われてきた。かなり単純で性急な医療改革政策を打った背景には、近づく総選挙に向けて支持を増やしたいという思惑もあった」と語っていた。

だが、朴槿恵氏と同じ有り難くないニックネームを頂戴した「不通大統領」の面目躍如で、医師会との十分な対話もしなかった尹大統領の「医療改革」は行き詰まった。24年4月の総選挙も結局、医療改革に出口が見えなくなったこともあり、与党の大敗で終わった。尹大統領の弾劾訴追案が議会で可決され、大統領権限が停止した24年12月時点で、「医療改革の白紙化なしに、辞職した専門医たちの復帰はない」とする大韓専攻（専門）医協議会の主張は残ったままだった。

## 女子大の共学化への反発

尹錫悦大統領による戒厳令が出る少し前、2024年11月、ソウルにある同徳《トンドク》女子大を巡る騒ぎが連日、韓国メディア・SNSの話題をさらうようになった。騒ぎの理由が、男女共学化を巡る大学側と学生たちとの対立にあったことから、韓国でしばしば話題になってきた「ジェンダー葛藤問題」として世間の注目を浴びることになった。背景には、厳しい学歴競争や徴兵制度など、韓国ならではの複雑な事情がからみあう。

同徳女子大は1908年に創立されたソウルの中堅女子大。人文、社会科学、芸術、薬学など10学部を擁する総合大学だ。同大はホームページを通じて23年1月、「就職率がソウルの4年制女子大で最高の67・9%を達成した」と説明した。

韓国メディアによれば、11月8日、男女共学化を進めている同大の動きが表面化したことに、学生側が反発して騒ぎが始まった。当初は、一部の教室で教授の入室を拒んだり、構内にある大学の功労者の胸像にケチャップや小麦粉をかけたりしていたが、徐々に騒ぎがエスカレート。大学施設の前に、大量の弔花が飾られ、「共学化転換、決死反対」などの立て看板や落書きがあちこちに出現した。ロックアウトで対抗する大学側に、学生側は「武力鎮圧、恥ずかしくないですか」などとSNSに投稿して拡散させている。

これに対し、極右傾向の団体が「フェミニズム反対」などとした集会を大学前で開いたり、女子学生のデモの様子をユーチューブで中継したりした。女子学生を非難したり、揶揄したりするコメントが多数ついた。全く無関係の男性が大学構内に入り込んで、警察に逮捕される事件も起きた。同じ時期、誠信女子大（ソウル）の国際学部でも、男性の志願者を受け入れる動きが表面化。学生たちが11月15日に反対集会を開くなど、同徳女子大と同じような騒ぎになった。

韓国は世界でも稀有《けう》な少子高齢化の状況に直面しており、満18歳人口は2014年の70

万余りから24年には約43万５０００人にまで減る予想となっている。大学の定員割れが相次ぎ、特に地方大学は「半分も生き残れない」という声が専門家から上がる。韓国教育省は22年、地方大学を中心に全国96大学の定員を、25年までに計約１万６０００人削減する案を発表するなど、対策に追われている。女子大の共学化も、こうした定員割れを防ぐ狙いがあった。ソウルに住む50代の公務員も「女子大も男子学生を受け入れざるを得ないのが、時代の要請」と語る。

韓国大手マスコミの40代幹部によれば、同大の女子学生が激しく反発したのは、フェミニズムが大きく作用しているのではなく、学生たちに一切の説明がなく男女共学化が進められたことにあったという。この幹部は「以前から、大学側が独断で大学を運営することが多く、学生側に不満がたまっていたのが原因だ。ジェンダー葛藤とはそれほど関係がないのに、周囲が格好の話題だと考えて飛びついた」と語る。

## ジェンダー対立を煽る政治家たち

社会が「ジェンダー葛藤だ」と飛びつくほど、近年の韓国で若い男性と女性はしばしば反目し合ってきた。韓国の会社員匿名オンラインコミュニティ「ブラインド」には、「なぜ、男だけが夜間の宿直をしなければいけないのか」「ソウルの本社勤務は女性ばかり。男性ばかりが地方に飛ばされる」といった「男性逆差別」を呪う言葉が並ぶ。ソウルではつい最近まで、30台以上を駐車できる公営駐車場には、一割以上の「女性優先駐車場」設置が義務付けられていた。男性から「逆差別」という怒りの声が上がり、同市は23年7月、「女性優先駐車場」を高齢者や障害者などにも適用する「家族配慮駐車場」に衣替えする条例改正に踏み切った。

16年5月、ソウルの地下鉄江南駅近くで、30代の男が一面識もない20代女性を殺害。「女性嫌悪犯罪の始まり」とされた。その後も、韓国でしばしば、無関係な女性を標的にした男性による暴行事件が起きている。20年8月、ソウルで不特定多数の女性ばかり23人に唾を吐きかけた男が逮捕された。23年7月、「ソウルの新林駅で女性20人を殺す」とSNSで予告した男が拘束された。

こうしたなか、19年には、「マイノリティー男子」の悲哀を訴える『20代男子』が出版されて、大きな話題を呼んだ。21年6月、韓国の保守系最大野党「国民の力」の新しい代表に選ばれた当時36歳の李俊錫氏は「虐げられた男性に手を差し伸べる」とアピールしたため、SNSを中心に女性から「ケ（犬）・ジュンソク」などと猛烈な反発を浴びた。

韓国で15〜29歳を対象にした「青年失業率」は24年10月現在で5・5%。約21万5000人の青年失業者がいるとされる。同時期の全体失業率2・3%の倍以上の数値だ。背景には、激烈な受験競争を経て高学歴を身に付けた人々が、「自分に合った職業がない」と考えるケースが多い事情があるとされる。日本のような「新卒ブランド」を求めず、即戦力を見極めて採用する「インターン制度」を導入している企業も多いため、特別な経験や技能を持ちにくい若い人々が就職に苦戦しているとみられる。

こうした状況で、男性の怒りや不満の矛先が、しばしば女性に向けられている。ソウルに住む40代の男性は「男性には、女性は軍隊に行かず勉強し、良い成績で有名企業に就職するという不満がある。少子高齢化で、若い女性を優遇する政策はあるのに、若い男性は優遇されていないという被害者意識もある」と語る。そもそも、韓国社会には「女必従夫」など男尊女卑が色濃い儒教思想に支配されてきた。少し前まで毎年の「旧正月」「秋夕（旧盆）」といった季節行事に、一族の男性が食卓を囲み、女性たちが台所でひたすら料理を作るという世界が残っていた。日本と比べてもジェンダー意識が遅れていた。

そして、韓国政治はこの男女問題も利用し、煽ってきた。韓国に男尊女卑が色濃く残っていた当時、軍事独裁政権が社会を支配し、学生や市民運動家らの進歩勢力と対立していた。進歩勢力は、軍事独裁政権を批判する材料を探すなかで、男尊女卑問題も取り上げた。韓国の慰安婦問題は、1987年の盧泰愚大統領の民主化宣言の後、市民運動が活発になった世相の影響を受けて登場した背景がある。

このため、韓国で「ジェンダー問題」は、進歩勢力のお家芸になった。2024年末から始まった尹大統領を批判する集会でも、20~30代の女性の姿が目立っている。これに対し、保守勢力は「逆差別だ」と反発する。これだけみると、正義は進歩にありそうだが、そういうわけでもない。

24年7月、国会科学技術情報放送通信委員会で、李真淑《イジンスク》放送通信委員長候補の人事聴聞会が開かれた。ここで、最大野党「共に民主党」の崔敏姫《チェミニ》委員長が暴言を吐きまくった。崔氏は元女性記者だ。李氏が答弁資料のペーパーを手に持っただけで、崔氏は「それを下ろしなさい。ピケ闘争でも始めるつもりですか」となじった。李氏が聴聞会の進行に戸惑っていると、「李氏は何歳なのか」とバカにする質問を投げつけた。李氏の発言をあげつらい、「脳の構造に問題がある」とののしった。

韓国保守の尹錫悦大統領は公約として女性家族省の廃止を掲げた。同省は、進歩の金大中政権がジェンダー問題に取り組む象徴として生み出した組織を前身とする。ジェンダーや慰安婦の問題などで一定の成果を上げて来た。一方、「女性団体が歴代長官を独占している」「他の官公庁が（地方分権で）世宗《セジョン》市に移るのに、駄々をこねてソウルに居座っている」などの批判も受けて来た。同省は、尹政権のもとで「ほとんど機能停止の状態」（韓国政府関係者）に追い込まれていたが、どうやら尹大統領の弾劾で息を吹き返しそうだ。

## 激烈な学歴社会の弊害

尹錫悦大統領は23年11月2日、初めて開かれた「地方自治と均衡ある発展の日」の記念式典で「教育革新は地方が主導すべきだ」と述べ、教育に関する様々な権限を地方に移す考えを示した。その数日後、韓国の地方大学で教える知人と面会した。知人が語る地方大学の現状は、深刻で悲惨なものだった。知人は元外交官。韓国では地方の大学を活性化するため、中央政府の元高級官僚に講義を依頼している。ソウルに住む知人は月に300万ウォン（約30万円）の報酬と引き換えに、月曜日から木曜日までを地方で過ごしている。

知人は会うなり、ため息をついてこう言った。「日本には『Fランク大学』（入学する難易度の低い大学）という言葉があるんだろ。韓国ではそれを、チバンテハッキョ（地方大学）というんだ」。知人が教える地方大学は1学年500人で計2000人。この大学では1

年生の学費は無料だ。減収分を、韓国政府からの補助金やモンゴルやベトナムなどからの留学生が支払う授業料でまかなっている。中国関係の学科だけは、中国の姉妹大学との間で2年間、無料で交換留学ができる。様々な特典を与えて、なんとか定員を保っている。

知人に言わせると、在学生の勉強への意欲は著しく低い。昼食後の講義ともなると、ほとんどの学生が寝ている。学習意欲がないので、論文形式の試験はできず、選択式にしている。試験当日の1時限目に復習、2時限目に試験の予想問題を教える。3時限目に試験をするが、それでも答えられない。

就職は厳しい。韓国では大学4年の春から就職活動をするが、皆苦戦している。就職が決まると、学内に「慶祝」と書かれた記念プレートが掲示されるほどだ。中国関係の学科の卒業生の場合、ソウルや済州島など中国人観光客が多い場所のホテルや中国関係の貿易をしている中小企業などに潜り込むのがやっとだという。

これはすべて、韓国の激烈な学歴競争社会が生み出した弊害だ。子供は未就学児のころから、「学院《ハグオン》」と呼ばれる塾に通い始める。下校時間になると、学校の周りに黄色いバスが集まり始める。塾の送迎用バスだ。そこで、子供たちは毎晩、午後10時過ぎまで勉強する。子供を集めるために塾の競争も過熱し、地方自治体によっては「深夜から未明にかけての塾の営業禁止」という条例を定めているほどだ。

## 「父親の無関心、母親の情報力、祖父母の財力」

ソウル近郊に住む知人男性には数年前に就職した長男がいる。長男はめでたく、最難関のソウル大を卒業した。男性は長男が小学校のころから、毎月２００万ウォン（約20万円）の「私教育費」を投じてきた。この男性は「ソウル大の合格者の住所をみると、みなソウル・江南《カンナム》などに集中している。評判が良い学院があるところばかりだ」と語る。こうした地域は高級住宅街であることが多い。男性の知り合いは、子供のために江南に移り住んだ。20坪（約66平方メートル）の小さなマンションだが、毎月の家賃の代わりに大家に支払った「チョンセ」と呼ばれる保証金は20億ウォン（約2億円）にものぼったという。

韓国では最近、ドラマ化もされて有名になった「イルタ講師《カンサ》」という存在がある。「どんな難関校にも入れてしまう一流スター（イルタ）講師」という意味だ。韓国のＳＮＳをのぞくと、「年収5億ウォン」とか「高級外車を買った」などバブリーな生活を謳歌する「イルタ講師」たちの書き込みが目に留まる。こんな職業が存在すること自体、「何としても良い大学へ」と願う親や子供が数多くいることを物語っている。

また、韓国では「親の責任」が長くついて回る。海外暮らしが長かった60代の元外交官は「米国の場合、親の責任は子供を大学に入れるまで。子供は大学の入学金を自分の責任で支払う。親も気が楽だから、子供を持つことにそれほど抵抗がない。それに比べ、韓国は延々、子供の面倒を見る羽目になる」と語る。韓国では、子供が結婚する際、親が結婚式や新居の費用まで面倒をみるケースが一般的だ。韓国では長く、共働きが定着している。社会制度の不備を補うため、夫婦が働いている間、双方の親が孫の面倒を見ることも多い。

さらに、「孫を良い大学に入れる条件」として、韓国人が口をそろえるのは「父親の無関心、母親の情報力、祖父母の財力」だ。前述の元外交官も「いつまで経っても、子供の面倒をみる羽目になる。だから、子供を持つことが負担になる」と語る。

韓国のメディアで働く30代の未婚女性は「私もいずれ、結婚することになると思う。でも、背負わなければいけない巨額の教育費や将来への負担を考えると、夫になる人に子供を持ちたいとはとても言えない。こんな熾烈な学歴競争はやめてしまえばよいと思うが、周りをみて、自分の子供にだけやめさせる勇気がどうしても出てこない」と語る。

その結果、ごく一握りの勝者と大量の敗者を生み出す。韓国の地方大学で教えている知人が韓国外交省に入った1980年代、キャリア外交官の出身校は、半分が名門国立のソウル大、3割がソウル大に並ぶ難関大学の延世大と高麗大、残りが韓国外国語大などだったという。ソウルの「3国大」と呼ばれる建国大、東国大、国民大といった中堅校ですら、希望の職種に就くことは容易ではない。知人は「あまりに厳しい競争なので、修能（大学入試）の結果が一生、レッテルとしてついて回ることになる」と語る。韓国では敗者復活はあり得ない。だから、地方大の大半の学生はやる気をなくす。日本のように、あえて生まれ育った故郷で暮らしたいと考える大学生もほとんどいない。幕藩体制で地方が発達した日本に比べ、朝鮮王朝時代から中央集権が続いた韓国は、地方に特色が少なく、インフラもソウルより格段に落ちる。地方大に進まざるを得なかった学生は、そこでやる気をなくす。

それでも、もがく学生もいる。知人は「みな、元々やる気がなかったわけではない。ソウルの難関大を目指して必死に勉強してきた子ばかりだ」と語る。願いが叶わず、やむを得ず、地方の大学に入学する子がほとんどだという。知人はあるとき、教え子の4年生から就職の相談を受けた。この男子学生は思い詰めた表情でこう語った。「中国にある韓国大使館のローカルスタッフになりたいと思うのですが、どうでしょうか」。地方大からはキャリア外交官はおろか、特定の国や地域を担当する専門職の外交官になる可能性もほぼ閉ざされている。男子学生は、大使館職員の秘書や運転手などを務めるローカルスタッフなら、自分でもなれるのではないかと考えたという。

知人は「ローカルスタッフは、一生をかけて働く仕事ではない。昇進もないし、自分で考えて工夫できる仕事でもない」と説明し、学生に思いとどまるよう諭したという。そのうえで、知人は学生にこう勧めた。「敗者復活のない世界から抜け出すためには、韓国のシステムから離れるしかない。外国で就職しなさい。学歴に関係なく、語学や営業力などで評価してくれるはずだ」。知人の助言を、この男子学生は、憂いを含んだ複雑な表情で聞いていたという。

## 「くそ親父」を意味する最凶ワード

韓国で数年前から、「このレッテルを貼られたらおしまい」と言われている最凶ワードが流行り始めた。「꼰대（コンデ）」。荒っぽく訳すと「くそ親父」というような意味だ。若い世代が、偉そうに振る舞う年配者を馬鹿にするときに使う隠語だ。２０２０年６月、韓国通信大手ＫＴの具《ク》鉉謨《ヒョンモ》代表取締役社長（当時）が「コンデＣＥＯ」と決めつけられ、炎上した。韓国メディアによれば、経営者としては若手に属する50代半ば（当時）の具社

長は、社員との意思疎通を図るため、社内の20～30代の若手社員と懇談会を開いた。「何でも言ってみろ」と言われた社員の一人が「給料が安い」と不満を漏らした。すると具社長は「俺も通信3社の社長のなかでは給料が一番安い。でも、満足だ」と切り捨てた。「俺たちはグーグルやサムスン電子じゃない。同期や友だちとばかり遊ばないで、先輩ともっと意思疎通しろ」とだめを押した。すると、同社の社員からごうごうたる非難が巻き起こり、「若手の気持ちを理解しないマイウェーな人物」ということで、コンデCEOの烙印を押されたという。

当時の文在寅政権下で最大野党だった未来統合党（現「国民の力」）は20年6月、新しい非常対策委員会（党幹部）のメンバー9人のうち3人を30代から選んだ。韓国での保守はとかく、権威主義の傾向が強いといわれており、「コンデ保守」というレッテル貼りを気にした対応だという声が上がった。コンデという言葉自体、前年くらいから頻繁にメディアでも取り上げられるようになっており、コンデを扱った「コンデインターン」というドラマも登場した。

また、当時感染が拡大していた新型コロナウイルスも、この言葉に関心が集まる背景のひとつになった。韓国も日本と同様、感染拡大を抑えるため、リモートワークが推奨された。ここで、世代間で異なる対応がみられたという。40代の韓国メディア関係者によれば、ミレニアル世代と呼ばれる1980年代から2000年代にかけて生まれた人々は、リモートワークを忠実に守った。ところが、40代半ばより上の世代では、「会社にいないと存在感を示せない」とばかりに、用もないのに出勤したがる人が相次いだ。そして、出勤した中高年層の社員らは、「やっぱり若い奴らはだめだ」と愚痴をこぼしあいながら、社内をうろうろしていた。

## 文在寅や尹錫悦は「コンデ」か

若い世代が、年配の人々を「コンデ」かどうか判断するキーワードがいくつかある。その一つが「Latte is a horse（라때는 말이야）」。「나때는 말이야（俺の〈若かった〉時はなあ）」が変形した言葉だ。日本の年配者もよくやりがちな、「昔の武勇伝語り」だ。これを言い始めると、「あの人はコンデ」というレッテルを間違いなく貼られる。「今晩、軽く一杯どう？」というような誘いも禁句だ。ミレニアル世代はワーク＆ライフ・バランス（韓国では頭文字を取って、ウォラベルと呼ぶ）を重視する人が多く、会食を嫌う傾向にある。ミレニアル世代は小さな頃から、スマートフォンひとつで充実したオンライン社会を

楽しんできた。自分の独立した世界を持っていて、集団主義などを極端に嫌うのだという。

　韓国では2000年くらいまでは、集団主義が当たり前だった。知り合いの韓国外交官によれば、課長が一言、「今日は良い天気だな。一杯やりたいな」とつぶやけば、課員は一斉に廊下に飛び出したという。自分の日程を調整するためだ。そして、しばらくすると、課長代理が「課長、準備できました」とさりげなく報告していたという。飲み会は必ず、韓国焼酎のある店。そこでしたたかに飲んだら、カラオケに行き、3次会はビールで胃を洗浄して帰るというのがおきまりのパターンだった。最近の韓国外交省では、会食は1次会のみで、ワインがある店で食事中心にやるのが普通になっている。

　日本の場合、年功序列型賃金体系が、かろうじて残っていることもあり、年長者の言葉に従う文化は多少残っている。永田町のような場所では、今でも議員は当選回数によって厳然とした序列ができている。一方、韓国では中小企業で働く人や非正規雇用者も多いことから、こうした文化が速いスピードで破壊されているようだ。また先述したように、韓国女性1人が生涯に出産すると予想される子供の数（合計特殊出生率）は1を割り込んでいる。少子高齢化社会の問題を抱えるなか、韓国社会はミレニアル世代を腫れ物に触るように扱っている。若者に理解を得られない団体や著名人は「コンデ」と呼ばれ、社会的に批判される。文在寅政権当時の韓国大統領府も、ミレニアル世代の支持をつかむため、こうした世代の見方を紹介する書物などを職員の必読本に指定していた。

意外なことかもしれないが、文在寅大統領は「どんな人にも敬語を使うし、相手の話をよく聞く人物」として、大統領府で最も「コンデではない人物」と評価されていた。実は文大統領は「言葉遣いは柔らかいし、よく人の話は聞く。でも、絶対自分の考えは曲げない人物」（韓国政府元関係者）なのだが。それに比べ、尹大統領は、検事出身らしく「白か黒か」「有罪か無罪か」と区別したがる二分法的な考えの持ち主。焼酎をビールで割る「ソメ（焼酎＝ソジュとビール＝メクチュを混ぜた爆弾酒）」をこよなく愛し、相手がつぶれるまで平気で飲み明かす。若者、特に女性からは敬遠されることは間違いない。尹大統領の弾劾を求める集会に若い女性の姿が目立ったのも、こうしたスタイルが影響していたのかもしれない。

ミレニアル世代は日本による朝鮮半島統治の時代も朝鮮戦争も、1980年代の民主化闘争も知らない。彼らが社会の主力になったとき、日本と韓国は普通の関係になれるのかもしれない。

## 韓江氏と過激な保守系市民

２０２４年、小説家、韓江《ハンガン》氏のノーベル文学賞受賞が決まった。受賞が決まった翌10月11日、韓国メディアは朝刊１面で受賞を大きく報道。公共図書館での韓氏の著書の貸し出し件数は受賞前の約14倍に急伸。受賞決定後の著作累積販売数は、電子書籍も含めて６日間で１００万部を突破するなど、韓国全土が沸き立った。その韓氏が12月６日、授賞式を前にスウェーデン・ストックホルムで記者会見を開いた。韓氏は戒厳令について「２０２４年に戒厳が繰り広げられたことに大きな衝撃を受けた」と語った。韓氏はテレビの生中継を通じ、戒厳令の夜の様子を見ていたという。

韓氏と戒厳令には深いつながりがある。韓氏は１９７０年11月、韓国・光州で生まれ、幼少期を過ごした。80年５月に韓国軍が多数の市民を虐殺した「光州事件」の現場だ。韓氏の父親で小説家の韓勝源《ハンスンウォン》氏は全羅南道出身で、光州事件を巡り、韓国軍事政権を厳しく批判。事件当時、韓江氏は９歳だった。事件の記憶とともに、父親の影響も強く受けた。作品も『少年が来る』（２０１４年）で光州事件を、『別れを告げない』（２０２１年）では１９４８年に済州島で多数の民衆が死傷した「済州４・３事件」をそれぞれ扱った。常に弱い存在の市民の側に立ち、悲しみや絶望感を短い文で詩のように重ねて表現した。スウエーデン・アカデミーも、韓氏に対するノーベル文学賞の授賞理由で「歴史的なトラウマと向かい合い、人間の命の脆さをあらわにした強烈な詩的散文」と評価した。

韓氏の視点は犠牲者の側に寄り添い、「国家の暴力」を糾弾する姿勢が目立つ。長い間、保守・軍事政権時代に日陰者扱いをされてきた「湖南《ホナム》・サラム」と呼ばれる南西部の全羅道出身者や社会的弱者を勇気づけて来た。一方、徹底的に被害者側に立った視点のため、保守の朴槿恵政権当時は、政府が公的支援を行わない文化人の名簿「ブラック・リスト」に名前を連ねたこともある。今回の受賞を機に、韓国の文壇の一部では「被害者の痛みを表現するのは当然としても、歴史自体の評価と混同する真似は避けるべきだ」という声も改めて上がっている。尹錫悦大統領を擁護する「太極旗部隊」と呼ばれる過激な保守系市民たちは、韓氏の受賞にあたり、在韓国のスウェーデン大使館に押しかけ、ノーベル賞授賞を撤回しろと騒いだ。

ただ、韓氏は非常に聡明な人物として知られる。12月6日の記者会見で、戒厳軍に抵抗した人々について「素手で武装軍人を制止しようとする姿も見たし、撤収する軍人たちに気をつけて帰るよう、息子に話しかけるように声をかける人の姿もあった」と説明。同時に、戒厳軍の兵士や警察官たちについても「苦痛を感じながらも解決策を探そうとする積極的な行為だったと思う」と称えた。自分を支持しない人々を「反国家勢力」とののしり、自分を批判する政党やメディアから目を背け、最後には「国民と共に闘う」という言葉で、人々を扇動する。そんな尹錫悦大統領と比べ、あまりにも立派な記者会見だった。

## 占い師との「不適切な関係」

今回、尹錫悦大統領の妻、金建希氏に対する批判のひとつが、政治コンサルタントの明太均氏との関係だった。明氏は韓国政界に幅広く顔が利く人物として知られ、そのなかで金建希氏と知り合った。明氏は政治コンサルタントとして活動するほか、世論調査会社も経営しており、政党の公認候補選びに関与してきた。韓国では地域ごとに政党の優劣がはっきり出るケースが多い。例えば、南東部の慶尚道なら保守系政党が、南西部の全羅道なら進歩系政党が、それぞれ圧倒的な強さを誇る。候補たちは、こうした「金城湯池」での立候補を狙うため、党の公認候補争いが過熱する。同時に、韓国では公認候補選びで世論調査結果を加味するケースが多い。このため、明氏は、特定の政治家に有利な世論調査を出してやり、公認候補選びで有利になるよう取り計らった謝礼として、金品を受け取っていたとされる。明氏は2024年11月、こうした容疑で逮捕・拘束された。

この事件に、韓国メディアは色めき立った。明氏が金建希氏と親しい関係にあり、結果的に尹錫悦大統領夫妻が、明氏を通じて22年3月の国会議員再・補欠選と同年6月の統一地方選の公認候補選びに介入した疑いがもたれていたからだ。明氏は政治コンサルタント、世論調査会社経営のほか、占い師としての顔も持っていた。金建希氏も、占いにはまっていた。政界雀たちが立てた噂のなかには、「金建希氏が母親と共に明氏のところに『尹氏との結婚は吉か凶か』と尋ねに行ったら、明氏は『尹氏は必ず検事総長になる男だ』と答えたので、結婚を決意した」というものもある。明氏はかねて、自分と尹大統領夫妻との親密な関係を広言。場合によっては、自分のスマホに記録された夫妻との会話の内容を公開すると主張していた。韓国与党関係者は、「尹大統領が戒厳令に踏み切った背景のひとつに、明氏との不適切な関係が公開されることへの懸念もあった可能性がある」と語る。

しかし、こうした非科学的と思える占いに凝る韓国の人々は数多い。韓国政界関係者の一人は「(尹氏の弾劾で一時、大統領代行を務めた)韓悳洙首相の妻も占い好きで、それで金建希氏と親しかった」と語る。すでに退官した韓国政府の元外交官は「外交省でも占い好きが多い」と話す。元外交官によれば、地方大出身の後輩で、何度も外交官試験に落ちた人がいた。この後輩は一時、「このまま試験への挑戦を続けるべきか、断念すべきか」

と悩んだ。その時、占い師が「来年の外交官試験で必ず合格するから、もう一度受験してみろ」と勧めてくれたという。また、別の後輩は在外公館に出る時期が近づいたころ、占い師のもとに出かけた。そこで「私は東に行った方が成功するか、それとも西か」と尋ねた。後輩はご託宣のあった方向にある国をいくつか選び、「赴任希望先」として人事部門に提出したという。この元外交官は、韓国の人々が占いにはまる理由として「未来がよく見通せず、常に不安だから」と語る。

京畿道に住む知人の50代大学教授によれば、韓国の占い師には、霊媒師として先祖や守護霊が憑依して語ってくれるムーダンや、占星術師、中国で発祥した干支暦をもとに年と月と日の干支を出して、人の運命を占う算命術師、儒教の影響を受けつつ、先祖との因果を中心に占う明理学を扱う占い師などがいる。この知人によれば、ソウル市にも占い師が集まる地域（敦岩洞《トンアムドン》）があるが、それはあくまで観光客などを相手にするだけで、「本当の占い師」は別にいる。「占い師は看板も出さないし、連絡先も公開しない。ひたすら口コミだけで広がる存在だ」という。こうした占い師は見料も公言していない。「おいくらですかと聞けば、お気持ちで、と答える。でも、10万ウォンなら10万ウォン分だけしか話してくれない。1000万ウォンなら1000万ウォン分だけ話す」（大学教授）。

こうした占い師を頼る習慣は朝鮮王朝時代にすでに存在した。王宮には、慶事を占う専門家がおり、「この行事は○月○日に行えばよろしい」「今日、側室とセックスをすれば、お世継ぎの男子が生まれる」などと助言していたという。それでも最近まで、韓国の大多数の人々は、「占いなんて、暇な人や金持ちが道楽でやるだけだろう」と考えていた。

ところが、明太均氏の話が浮上してから、みな「わが国は占い共和国だったのか」と言って驚いた（韓国では、自分の国を自虐的に語るとき、よく○○共和国という。かつて、朴槿恵大統領が、チキンを扱う零細業者が多いことに失望して、我が国はチキン共和国なのかと慨嘆したこともある）。知人の一人は「尹大統領夫妻と関係があるとされた占い師はほかにもいる。占い師が権力社会に大きな影響力を持っているなんて、21世紀の話なのか」と言って、嘆いた。韓国の政治家もご多分に漏れず、ストレスが非常に多い職業であり、同時に名誉や利権に貪欲な人も多い。

尹錫悦大統領の場合、その独善的な手法から、周囲に胸襟を開いて語り合える友達が少なかったと言われる。野党政治家どころか、与党政治家もメディアもどんどん、尹氏から離れて行った。最後まで残ったのが、極右系ユーチューバーと占い師だったのかもしれない。

# 第5章　北朝鮮と周辺国　韓国はこれからどうするのか

## 北朝鮮にとっては「追い風」

北朝鮮の朝鮮中央通信は2024年12月11日、韓国の尹錫悦大統領が出した戒厳令を巡る政治的混乱に初めて言及した。韓国が3日夜に非常戒厳を出してから反応してこなかったが、北朝鮮は対立する韓国の混乱をどうみているのか。朝鮮半島情勢の分析を長く担当した元日本政府当局者は「今回の事態は、北朝鮮にとって予想外だった」と指摘する一方、「北朝鮮には幸運な出来事だった」と語る。

同通信は11日、韓国内の混乱について、国会での尹氏弾劾の動きや全国で広がった抗議デモの様子などを報道。国内向けの労働新聞でも第6面で、朝鮮中央通信と同じ内容を伝えた。この元当局者は、戒厳令騒ぎから報道まで8日かかったことについて「報道内容を慎重に検討したようだ。予想外の事態で戸惑ったのではないか」とみている。北朝鮮では公式報道について党宣伝扇動部や国家保衛省（秘密警察）などが詳細に内容を検討する。今回の場合、激しく非難してきた尹大統領の没落について報じることは、北朝鮮の主張の正しさを証明することになる。一方、市民が最高指導者を下野させる構図を強調し過ぎれば、独裁体制の北朝鮮にも悪影響を及ぼすかもしれない。また、北朝鮮は23年末から、「韓国は敵対国家であり、同じ民族ではない」という立場を取っている。過剰な報道は、自分たちの韓国に対する冷淡な姿勢と矛盾する可能性もある。北朝鮮ではこうした重要ニュースについて、必ず会議を開いて詳細な議論を行い、報道方針を決める。報道まで8日かかったという事実は、少なくとも北朝鮮が戒厳令や弾劾の動きを予想していなかったことを物語っている。

そして、今回の韓国の混乱は、北朝鮮にとっては「追い風」となったようだ。ロシアへの北朝鮮兵士派遣などで韓国に対する軍事力が手薄となり、北朝鮮の安全保障は大きく揺らいでいたからだ。北朝鮮は2020年から「反動思想文化排撃法」「青年教養保障法」「平壌文化語保護法」という、市民の思想統制を強化する法律を次々に打ち出した。韓国や米国など外国製のドラマや歌を視聴した人間を処罰し、流布した人間には死刑も適用するとした。北朝鮮の人々はそれでも外国ドラマや歌の視聴を止めなかった。23年に、北朝鮮南西部・黄海南道《ファンヘナムド》から脱北した金日赫《キムイルヒョク》氏によれば、その時点でも「幼稚園児でも韓国の歌を2～3曲はそらで歌えた」ほどだったという。

このため、北朝鮮が23年末に打ち出した「韓国敵視政策」は、「敵の文化を楽しんだ人間は厳罰に処す」という意味だった。韓国政府当局者は「敵視政策の意図が最初はわからなかったが、そのうち、北朝鮮内で公開処刑が激増していることがわかった」と語る。金日赫氏は「北朝鮮にいる間、通算で50回ほど公開処刑を見物させられた。当時、処刑の頻度が増えているという感覚があった」と証言する。当局者も「敵視政策は、敵の文化を楽しんだから処刑されてあたり前という根拠づくりだと気が付いた」と語る。

そのくらい、北朝鮮は日米韓などによる「文化侵略」を恐れていた。私たち自由主義世界に住む人間は、「たかが外国のドラマや歌を視聴して何の問題があるのか」と考えがちだ。しかし、最高指導者だけを神としてあがめなければならない北朝鮮にとっては大問題だ。先の当局者は「北朝鮮の人々が、金正恩よりも韓流スターにあこがれ始めたらどうなるのか。それは国の崩壊を意味する」と語る。韓国市民団体が北朝鮮に気球につけて送り付ける北朝鮮を非難するビラに対し、金正恩氏の実妹、金与正《キムヨジョン》朝鮮労働党副部長らが口を極めてののしるのも、こうした切迫した事情がある。

## 金正恩がロシアへ派兵した狙いとは

こうしたなか、北朝鮮はロシアと24年6月、包括的戦略パートナーシップ条約を結んだ。条約には、有事の際に相互が軍事支援を行うとする条項も含まれていた。ただ、締結直後から、「同盟」という言葉を口にした金正恩総書記に比べ、プーチン・ロシア大統領は

「同盟」という言葉を一度も使わなかった。日米韓などの文化侵略による国家崩壊を恐れる金正恩氏は、「有事の際にはロシア軍が介入する」という状況を作りたかった。正恩氏はプーチン氏にこの条約が同盟であることを認識させるため、早い時期からロシアへの派兵を考えていたようだ。同年8月6日、正恩氏を小躍りさせる事態が起きた。ウクライナ軍のロシア・クルスク州への越境攻撃が始まったのだ。「ロシアを守るために軍を出動させる理由ができた」。正恩氏はそう考えただろう。9月13日、ロシアのショイグ国家安全保障会議書記が訪朝して、正恩氏と会談。ここで、北朝鮮軍のロシア派遣の詳細が決まったとみられる。その後、ロシア連邦統計庁は24年7月から9月までに北朝鮮からロシアを訪れた留学生が3765人だったと発表したが、日米韓はロシアに派遣された兵士の第1陣という意味だと分析している。ウクライナや米国などの情報を総合すると、24年末時点で、ロシアには1万人から1万2000人程度の北朝鮮軍兵士が派遣された。

ただ、兵士の派遣は当然、北朝鮮の安全保障には重荷になった。ウクライナのゼレンスキー大統領は25年1月の段階で、北朝鮮兵士のうち約4000人が死傷したとの見方を示した。軍事的には兵力の3割が死傷した場合、戦闘力が大幅に落ちて「撃破された状態」になるとされる。派遣された北朝鮮兵士は少なくない損害を被ったとみるべきだろう。

また、ウクライナ出身で、北朝鮮のロシアに対する軍事支援を研究している韓国外国語大学のオレナ・グセイノワ講師によれば、「兵員配備の上限」という国際的な理論がある。中核的な防衛能力を損なわずに、国外で安全に展開できる限度を意味する。国内の即応性を最大限に維持しようとする場合は総兵力の1～5％、より大きな軍事力とより広範な国際的コミットメントを持つ場合は同10～15％、長期的で大規模な対外活動に関与する場合は同30～40％以上とされている。グセイノワ氏は「北朝鮮軍は約120万人で、うち約60万人が（戦闘力を持った）現役兵。北朝鮮が理論的に派兵できる最大値は事実上の総兵力60万人の15％をわずかに超える約10万人だが、北朝鮮の防衛態勢を著しく損なう可能性が高く、考えにくい」とし、現実的には2万人程度の派遣が限界だろうとする。

さらに、24年11月中旬には、南北軍事境界線一帯に展開している北朝鮮の170ミリ自走砲をロシア国内で撮影したとされる写真がSNSで拡散した。米韓関係筋によれば、北朝鮮は軍事境界線沿いに配置した自走砲と多連装ロケット計約700門のうち、約200門をロシアに提供した可能性があるという。ロシアに兵士と武器を出すことで、北朝鮮の安全保障が弱体化していたとも言える。北朝鮮は23年秋ごろから、南北軍事境界線をはさんだ幅2キロの北朝鮮側非武装地帯（DMZ）で、軍哨戒所の復旧、新たな地雷原や戦車壕の設置などを急いできた。韓国政府関係者は「韓国は別の国だという主張を裏付ける政治的意味もあるだろうが、それだけではない。本当に韓国からの攻撃を恐れていたのだと思う」と語る。

そこに、韓国内で戒厳令を巡る混乱が発生。内政・外交共に大幅な停滞状態に陥った。オースティン米国防長官（当時）は24年12月、日韓両国への訪問を予定していたが、尹氏による戒厳令の宣布を受け、韓国訪問を取りやめた。石破茂首相が予定していた25年１月上旬の韓国訪問も断念を余儀なくされた。日米韓の防衛協力が後退することは、北朝鮮にとって最も歓迎すべき事態だ。戒厳令を巡る混乱を伝える北朝鮮メディアの報道からは、小躍りする金正恩氏の姿が透けて見える。

安全保障に不安を抱えている北朝鮮が今後、韓国の混乱に乗じて、軍事侵攻などに踏み切る可能性はほとんどない。むしろ、非軍事手段を交えたハイブリッド戦を通じ、日米韓がお互いに疑心暗鬼になるような誤情報や偽情報を拡散させるだろう。金正恩氏は24年末の朝鮮労働党党中央委員会総会拡大会議で、「米国に対して超強硬的態度で臨む」と語った。多弾頭の大陸間弾道ミサイル（ＩＣＢＭ）や極超音速ミサイル、偵察衛星など、米国のミサイル防衛網を打ち破ることができる兵器を可能な限り生産して抑止力を高め、そのうえで米朝協議に臨むという腹積もりだろう。その場合、米朝が米本土を狙うＩＣＢＭの放棄と引き換えに、北朝鮮の核開発を黙認する可能性もある。米国に対して異議を申し立てるべき韓国が混乱し、外交力を発揮できない状態は、北朝鮮にとって非常に好ましい。

金正恩氏は、韓国には当面寝ていてもらいたいと思っていることだろう。

## 非常戒厳は「同盟国に対する裏切り」

24年12月3日、韓国の戒厳令に一番怒った国は米国だった。キャンベル米国務副長官（当時）は戒厳令について「深刻な誤った判断」と指摘。「非常に問題があり、違法だ」とまで踏み込んだ。日本政府関係者は「普通、他国の内政でもあり、重大な関心を持って注視している、くらいが穏当な表現。キャンベル氏の発言は、明らかな不満の表明だった」と語る。

当時、ソウルの外交団では、この米国の強い態度に関心が集まった。「これまでの戒厳令では、盛んに『米国が裏で操っている』という指摘が飛び交った。キャンベル氏の発言は、米国黒幕説を打ち消すため、韓国と距離を置いたのだろう」という説もあった。また、「トランプ氏が大統領就任後に戒厳令を考えるかもしれない。だから、トランプ氏を牽制するために、民主党政権として強硬に反対する意思を示したのだ」という、いささか斜に構えた解説も出回った。

だが、本当のところは、「無視された怒り」「裏切られた失望」に原因があった。米国に知人が多い尹錫悦政権の外交ブレーンは4日午前2時ごろ、妻から「スマホがずっと振動している」と告げられ、起きて画面をみた。そこには「martial law（戒厳令）」という文字が並んでいた。米国の知人たちは口々に「なんで、今の時代に戒厳令なんだ」と尋ねて来たという。ソウルの米国大使館にも衝撃が走った。外交省の第2次官が簡単な説明をゴールドバーグ駐韓米国大使にしただけだった。ゴールドバーグ氏は何度も、趙兌烈外相の携帯に電話をかけたが、趙氏は応答しなかった。趙氏は後に周辺に、「戒厳令というあまりにも不合理な判断が下されてしまった。これを合理的に米国に説明できないと考えたから、電話を取らなかった」と語った。だが、ゴールドバーグ氏にしてみれば、「同盟国に対する無視」と受け止めざるを得ない非礼な態度だった。

同じ状況は在韓米軍司令部でも起きていた。在韓米軍司令官は米韓連合軍司令官、朝鮮国連軍司令官という「三つの帽子」をかぶっている。韓国軍は今回、陸軍の首都防衛司令部や特殊戦司令部の要員を動員したが、「明らかに在韓米軍司令官に報告が義務付けられている事案」（韓国メディア関係者）という。さらに、戒厳令が出ると、北朝鮮に対応する米韓連合軍のウオッチコン（Watch Condition＝情報監視態勢）やデフコン（Defense Readiness Condition＝防衛準備態勢）が引き上げられる可能性が極めて高い。このメディア関係者は「米軍に何も言わず、戒厳令を敷いたとすれば、それは同盟国に対する裏切りを意味する」と語る。

また、米バイデン政権は日米韓防衛協力の強化に心を砕いてきた。23年8月に日米韓首脳会談を行って発表した、「キャンプ・デービッド原則」「日米韓首脳共同声明」「コミットメント」は日米韓首脳会談の成果物としては極めて異例な長文の内容になった。バイデン大統領がキャンプ・デービッドに外国首脳を招いたのは、23年8月時点で初めてのことだった。米側は当初、日韓両政府の陪席者について、3カ国首脳会談では5人前後、会食の席では2人だけに絞りたい意向を示すなど、3カ国の親密ぶりを演出するのに夢中になった。バイデン大統領は23年4月には、尹大統領夫妻を国賓として米国に招いた。そして、その親密な関係の柱になったのが「自由と民主主義」という「共通の価値観」だった。そして24年3月には、バイデン政権の肝いりで始まった「民主主義サミット」の第3回会合がソウルで開かれた。テーマは「未来世代のための民主主義」。もちろん、尹大統領も参加した。ソウルの外交筋の一人は「成熟した民主主義の国だと思って韓国に会議を任せたバイデン政権だったのに、恥をかかされた気分で怒り心頭だろう」と語る。

## トランプ政権との化学反応

米国の韓国に対する「失望と怒りと不信」は今後、どのような問題を引き起こすだろうか。米国では25年1月20日に第2期トランプ政権が発足した。関係者は「戒厳令騒ぎが、トランプ政権と化学反応を起こすかもしれない」と予言する。

24年10月8日、在日米軍横田基地で指揮権交代式が行われた。新しく在日米軍司令官に着任したのは、スティーブン・ジョスト空軍中将。嘉手納（沖縄県）、三沢（青森県）、横田の航空団を統率する米第5空軍司令官も兼務する。この人事を巡り、米軍内部である検討が行われていた。それは「在日米軍司令官を3スター（中将）から4スター（大将）に格上げできないか」というものだった。オースティン米国防長官も24年6月、シンガポールで記者団に対して、在日米軍司令官の3スターから4スターへの格上げを検討している事実を認めた。

これは、自衛隊が25年3月、陸海空自衛隊を一元的に統轄する統合作戦司令部を発足させることと関係がある。06年に生まれた自衛隊トップの統合幕僚長は、米軍の統合参謀本部議長がカウンターパート。ただ、米軍は「インド太平洋軍司令官の相手になる、統合作戦部隊の司令官がいない」という不満を持っていた。東アジアの脅威がそれほど高くなく、自衛隊も有事などの際に臨時で統合任務部隊司令官を設置する時代はまだよかった。いざ、自衛隊に常設の統合作戦司令部が誕生すると、それはそれで不都合が生じる。ハワイのインド太平洋軍司令官が常に、自衛隊統合作戦司令官と協議をする際、地理や時差の問題が障害になるからだ。自衛隊関係者は「有事の対応はもちろん、平時に訓練や作戦などの協議をするためには、双方が身近にいた方が、都合が良い」と語る。

そこで、岸田文雄首相とバイデン米大統領（共に当時）は、24年4月10日に行われた首脳会談後に発表した共同声明で、自衛隊と米軍の指揮統制機能の強化を表明した。在日米軍司令官に指揮統制権の一部を委任するという意味だ。それまで、在日米軍は基本的に行政的な機能を担い、指揮統制権はインド太平洋軍が握っていた。在日米軍は、日米地位協定を巡る調整を日本政府と行うため、「プロトコール（儀礼）上のカウンターパート」と表現する人もいた。そうであれば3スターで構わないが、実際の指揮統制権を与える以上、4スターにすべきだという意見が米軍内で強まった。

しかし、日本や韓国を含む米インド太平洋軍には、すでに５人の４スターがいた。ハワイに、インド太平洋軍司令官、太平洋陸軍司令官、太平洋艦隊司令官、太平洋空軍司令官の４人、そして韓国に在韓米軍司令官の計５人だ。他の方面軍が抱える４スターの人数とのバランスや米軍全体の状況を勘案した結果、インド太平洋軍が６人の４スターを抱えるのは適切ではないという判断がくだったという。

## 台湾有事に集中したい米国の思惑

もちろん、この話はこれで終わりではない。現在、米軍内では「在韓米軍司令官と在日米軍司令官の星を交換できないか」という声が出ている。在韓米軍司令官を陸軍大将から中将に、在日米軍司令官を空軍中将から大将に、それぞれ変更するというものだ。これは、25年１月20日に発足した第２次トランプ政権の戦略と関係がある。トランプ政権は中国を米国にとって最大の脅威と位置付けている。ロシアによるウクライナ侵略の早期停戦を目指したのも、米国の限られた戦略資源を中国との対決に集中したいという思惑がある。

この考えを牽引しているのが新しく国防次官に就任したエルブリッジ・コルビー氏だ。コルビー氏は台湾有事に備え、朝鮮半島の安全保障は韓国軍に任せ、それまで北朝鮮の脅威に備えていた在韓米軍も投入したい考えを繰り返し、表明している。もちろん、在韓米軍をそのまま台湾有事に投入できるわけではない。台湾有事で米軍がもっとも使いたい戦力は海軍力とみられるが、在韓米軍主力は陸軍第8軍と第7空軍だ。海軍は横須賀を母港にする第7艦隊の出先機関という位置づけで司令部機能しか持っていない。

ただ、在韓米軍をコストカットできれば、その余力を台湾有事に振り向けることができる。トランプ大統領もコストカッターを自認している。トランプ氏は当選前の24年10月にシカゴで開かれたセミナーで、「私がホワイトハウスに入れれば、在韓米軍の駐留経費として、韓国は年間100億ドルを支払うだろう」と語った。韓国側が米国と合意した2026年の在韓米軍駐留経費負担額、約1兆5000億ウォン（約10・5億ドル）の9倍以上に相当する金額だ。トランプ氏は第1次政権時代の17年4月、在韓米軍が韓国に展開する高高度ミサイル防衛システムTHAADについて「10億ドルの装備だ」と語り、韓国に負担させる考えを示した。18年6月にシンガポールで開かれた米朝首脳会談でも、多額の費用負担が発生する米韓合同軍事演習の一時凍結を勝手に約束した。在韓米軍をコストカットすれば、必然的に在韓米軍司令官の地位も下がり、4スターから3スターへの格下げも視野に入る。

米国は議会が定める国防授権法により、在韓米軍約2万8000人の一方的な削減を制限している。しかし、韓国の最大野党「共に民主党」議員で、駐米韓国公使も務めた魏聖洛氏は「国防授権法の取り決めがあっても、大統領がやりたいと考えれば、在韓米軍削減は視野に入ってくるだろう」と語る。いうなれば、米インド太平洋軍を本社とすれば、在日米軍を地方支社、在韓米軍を出張所扱いにする考えのようだ。在韓米軍には司令部機能と有事の際の増援部隊の受け入れ機能、さらには在日米軍が危機に陥った際の避難先としての機能だけを残す戦略だとみられる。

## 米国ファーストで「核ドミノ現象」の恐れも

トランプ政権のこうした「在韓米軍と在日米軍の地位の入れ替え構想」は、日本と韓国にとって決して歓迎できるものではない。自衛隊関係者は「もし、在韓米軍司令官が3スター、在日米軍司令官が4スターになれば、それはセカンド・アチソン・ラインを意味する」と語る。アチソン国務長官（当時）が1950年に米国の防衛ラインとして東アジアの朝鮮半島や台湾を除く線を敷いた。これが、朝鮮戦争（1950～53年）を誘発する原因の一つにもなったとされる。この自衛隊関係者は「日本と在日米軍基地の安全保障上の役割が増大するため、中国やロシア、北朝鮮から攻撃を受ける可能性も相対的に高まることになる」と語る。韓国にとっても、北朝鮮やロシア、中国に対する抑止力の低下を招くことは間違いない。

そして、もう一つ不安視されるのが、米国の「核の傘」の後退だ。韓国では北朝鮮の核開発が進むにつれ、米軍戦術核の韓国再配備や韓国による独自の核武装論が高まっていた。こうした状況を憂慮した米韓両国は23年4月、「核の傘」を含む米国の拡大抑止力を強化する「米韓ワシントン宣言」を発表した。米軍の持つ戦略爆撃機や戦略原子力潜水艦、原子力空母などを朝鮮半島に派遣する回数を増やすほか、米韓で拡大抑止力に関係する図上演習を行うことなどを盛り込んだ。

ところが、コルビー氏は、米国の都市を核攻撃の危険にさらしてまで、韓国に対する北朝鮮の核攻撃への報復を行うことを「合理的ではない」と繰り返し指摘している。

さらに、米国内では、北朝鮮との「核廃絶交渉疲れ」現象も起きている。1994年の米朝枠組み合意や2005年の6者協議共同声明、18年から19年にかけての米朝首脳会談などで、ことごとく北朝鮮の非核化に失敗したからだ。米大手シンクタンク・ランド研究所スタントン財団のベンジャミン・ヤング核セキュリティーフェローは北朝鮮の核廃棄政策について「現実的（な政策）ではない」と主張する。これは、北朝鮮の核保有を事実上認めることで、米本土が攻撃されるリスクを可能な限り減らすべきだという、まさに「米国ファースト」の政策と言える。

通常、このような政策は日本と韓国にとって受け入れがたいものだ。北朝鮮がすぐに核兵器を使う可能性は低いが、北朝鮮が自らの核抑止力に自信をつけることで、むしろ通常兵器による挑発や局地戦が起きる可能性が増えるからだ。また、北朝鮮が核保有すれば、韓国や台湾、日本などに独自の核武装を求める声が高まる「核ドミノ現象」が起きる危険も生まれる。

だが、韓国の戒厳令による混乱は、こうした「在韓米軍の縮小再編」「北朝鮮による核保有の追認」を受け入れる方向に作用するかもしれない。戒厳令による混乱から、尹錫悦大統領は憲法裁判所による罷免を免れても、もはや大統領として政権担当能力を喪失したと言わざるを得ない。遅かれ早かれ、次の大統領選が行われ、そこでは最大野党「共に民主党」が推す候補が勝利するだろう。韓国では保守系も進歩系も、「韓国の安全保障に米韓同盟は不可欠だ」と考えている人が大多数だが、世界の潮流に合わせようとする保守に比べ、朝鮮半島の民族第一主義を掲げる進歩は、どうしても米軍に否定的な視点を持つ傾向がある。

「共に民主党」の李在明代表は２０２３年8月のキャンプ・デービッド合意について「尹錫悦政権の無能により、『ひとえに国益、国益優先』という外交の第一原則が崩れた」と批判。「尹大統領は会談で米大統領に『東海《トンヘ》は東海であり、日本海ではない』と強く問題を提起すべきだった」と語った。24年4月の総選挙の際の遊説でも、李代表は台湾有事に触れ、「両岸問題に私たちがなぜ介入するのか。中国と台湾の国内問題が、私たちと何の関係があるのか」と主張。「私たちはただ、謝謝と言えばいい」と言い放った。

トランプ大統領は就任直後の25年1月20日、北朝鮮を「核保有国」と呼んだ。同月23日に放映されたＦＯＸニュースとのインタビューでは、金正恩総書記との再会談に意欲を示した。トランプ氏は念願のノーベル平和賞を受賞するため、北朝鮮の核保有を黙認し、米朝国交正常化を目指す考えのようだ。日韓の国益を無視した暴挙と言えるだろう。これに対し、韓国の進歩勢力がどこまでトランプ氏と米国の動きを阻止しようとするか、まだわからない。逆に、「米軍の朝鮮半島に対する影響力の低下」として、歓迎するかもしれない。戒厳令を巡る騒動で、米国の韓国に対する信頼が低下した後だけに、こうした懸念が現実のものになる可能性が徐々に高まっている。

## 「表情管理」する中国

米国が対立姿勢を強める中国は、今回の事態をどのようにとらえているのだろうか。

中国外務省の林剣報道官は24年12月4日の記者会見で、前夜に発生した韓国の戒厳令を巡る騒ぎについて「中国は今回の状況を注視しているが、韓国の内政問題についてはコメントしない。中国の朝鮮半島問題に対する立場には変わりはない」と述べ、事態を静観する態度を示した。だが、同月にソウルで会った韓国外交省幹部は中国について「表情管理をしているんだ」と語った。韓国では当時、戒厳令騒ぎに乗じ、次期大統領選が25年前半期にも行われ、進歩系新政権が誕生する可能性が高まっていた。中国としてはうれしくてたまらないが、「世界のニューリーダー」としてあえて、無表情を装っているという見立てだった。

確かに、尹錫悦政権は猛烈な中国封じ込め策を推進してきた。22年5月の尹政権発足直後、ソウルで会った尹政権の外交ブレーンは「韓米同盟一本やりで十分だ。韓米同盟さえしっかりしていれば、中国も北朝鮮も怖くない」と豪語していた。この言葉通り、中国は尹錫悦大統領の訪中を招請したが、尹政権は「すでに文在寅政権時に、文氏が訪中している。今度は中国の国家主席が韓国を訪問する番だ」と言って突っぱねた。尹氏は23年4月19日に配信されたロイター通信とのインタビューで、台湾海峡問題について「力による現状変更には絶対反対する」と表明し、「一つの中国」政策に賛成してきた従来の韓国政府の立場から大きく踏み込んだ。中国外務省報道官が「他人は口を挟むな」と批判すると、今度は韓国外交省が中国側の反応について「口にしてはならない発言」「中国の品格を疑わせる、深刻な外交的欠礼を指摘せざるを得ない」とかみついた。当時、日本外務省幹部は「中国を不必要に刺激しているように見える。正面から争えば不利なのに、なぜ韓国はそんなにいきり立つのか」と語っていた。

また、中国は23年2月、日韓両国にある提案をした。それぞれ、二国間で安保対話をやろうという呼びかけだった。日韓両国の関係者はすぐに、中国側の意図に気がついた。同年2月4日、米南部サウスカロライナ州の沖合上空で、中国の気球が米軍のF22戦闘機によって撃墜されていたからだ。中国は、日本や韓国に対し、気球がスパイ目的ではないことを釈明する考えだとみられた。

ここで、日本と韓国は対照的な動きをみせた。韓国は直後にワシントンで開かれた日米韓次官協議の機会を利用し、米国に対して中国が中韓対話を求めてきたことを通報し、かつ、この提案を拒否する考えを伝えた。韓国は23年4月に、尹錫悦大統領の訪米を控えていた。この時点では、尹氏の訪米が国賓待遇になるかどうか、決まっていなかった。韓国政府にとって、尹氏の訪米の成功は支持率回復のための絶対条件だった。米国から良い反応を得るため、尹氏の訪日と日韓関係の改善も目指していた。尹政権にとって、中国の提案を受け入れる余地はなかった。

一方、日本は沈黙し、日米韓次官協議や日米次官協議の場で、中国から日中対話の打診があったことを米側に伝えなかった。そして中国の提案から間もない2月22日、東京で日中安保対話が開かれた。約4年ぶりの開催だった。協議では、中国気球の話題も出たほか、自衛隊と中国軍の偶発的な衝突を防ぐため、両国の防衛当局同士が直接連絡を取り合うホットラインの運用開始に向けて調整していくことで一致した。米政府は、事前通知のなかったことについて日本側に不快感を表明した。

なぜ、日本は韓国と同じ対応を取らなかったのか。それは、日本と米国、韓国が、それぞれ中国に対して異なる国益を持っているからだ。

米軍は今、西太平洋で中国軍を念頭にした各軍種の再編を急いでいる。その一つが、沖縄県に駐留する第12海兵連隊が生まれ変わった第12海兵沿岸連隊（MLR）だ。MLRは、米軍が海空優勢を獲得できない状況を前提に、移動しながら地対艦ミサイルなどで攻撃を行う部隊だ。MLRは緊急事態の際、南西諸島や台湾、フィリピンなどに展開するとみられている。ただ、米軍の文書によれば、MLRは攻撃を加えた後、敵からの報復攻撃を避けるため、48時間以内に別の場所に移動することを想定している。自衛隊関係者は「米軍の目的は中国に勝利することだから、迷わず移動するだろう。しかし、そこに住民がいた場合にどうするか。自衛隊は住民を捨てて、米軍と一緒に移動するわけにはいかない」と語る。

また、日本と米国は現在、日本が保有を決めた反撃能力の詳細について検討を重ねている。具体的には、日本が400発の購入を予定している米巡航ミサイル「トマホーク」について、標的を発見してから攻撃するまでのターゲッティングや、敵に与えた損害評価などを巡る日米協力の詳細を詰めている。中国は当然、緊張するだろう。日本が、中国による日中安保対話の打診を奇貨として、協議に応じたことには、日中外交の強化を通じて、無用な誤解を避ける努力をするという意味があった。日中両政府は23年5月16日、ホットラインの運用を始めたと発表した。

## 対中戦略で韓国が抱く焦り

また、日本や韓国が米国に事前通報したからと言って、米国が同じように、日韓両国に自分たちの外交を事前通報してくれるわけではない。サリバン米大統領補佐官（国家安全保障問題担当・当時）と中国の外交担当トップの王毅共産党政治局員は23年5月10〜11日にウィーンで会談した。米国は事前に、この動きを日韓両国には伝えなかった。かつて、1949年に中華人民共和国が誕生した後、米国は日中国交正常化を許さなかった。逆に71年7月、キッシンジャー米大統領補佐官が極秘に訪中した。ニクソン大統領はキッシンジャー氏の帰国後、極秘訪中の事実と大統領自身が近く訪中する考えを発表した。中国大使を務めたことがある谷野作太郎氏によれば、当時の外務省の幹部たちは「これが米国のやり口か」と憤慨し、怒り狂っていたという。

外交筋の一人は23年4月当時、「米国には米国なりの対中外交戦略がある。今は、日本が米国より少し前に出て、韓国は日米よりもだいぶ後ろにいる状態だ」と語っていた。別の外交筋は「米国は自分たちのペースに合わせるのが当然だと思っている。でも、3カ国で国益はそれぞれ違う。団結が一番重要だが、それぞれ異なるアプローチがあっても良いのではないか」と語っていた。

韓国も、こうした日米の中国に対する硬軟織り交ぜた戦略に焦りを感じ始めていた。そもそも、地理的にみれば、韓国は対中国の最前線に立たされている。中国との経済的なつながりも大きい。輸出部門では、対中輸出と対米輸出が拮抗する状況が続いているが、輸入部門では、半導体や精密化学原料などで大きく中国に依存している。中国に進出していた韓国企業が、米国が掲げる「デリスキング（リスクを減らしながら、経済関係を維持する戦略）」に従って、すぐに引き揚げられるという状況にもない。

韓国が抱く焦りは23年8月、米キャンプ・デービッドで行われた日米韓首脳会談に表れた。この舞台裏では「日米」と「韓国」との間での綱引きが行われていた。従来、日米韓は「北朝鮮の脅威」に対抗する枠組みとして語られてきた。第1次朝鮮半島核危機を受け、1999年に発足した「日米韓三カ国調整グループ会合（TCOG）」がその代表例だった。時代は移り変わり、東アジアでの米中軍事バランスが逆転もありうる時代になった。米国は北朝鮮というカバーストーリーを使いながら、日米韓を対中国の枠組みとして活用することを目指している。キャンプ・デービッドでの日米韓首脳共同声明でも、南シナ海や台湾問題にまず言及し、北朝鮮への対応が後回しにされた。

## なぜ米国は日米韓の枠組みを重視するのか

米国が日米韓の枠組みを重視するのには幾つかの理由がある。自衛隊関係者は「米軍も台湾有事で韓国軍が参戦することまでは期待していない。韓国軍に台湾まで展開する能力もないだろう。でも、中国とロシア、北朝鮮が連携を強めているなか、台湾有事に合わせて、ロシアや北朝鮮が独自の軍事行動を起こす複合事態が発生する可能性はある。米軍が台湾有事に集中するなか、韓国軍には在韓米軍基地を含む韓国の守りを固めて欲しいという狙いがあるだろう」と語る。また、日本の安全保障分野の専門家は「ＡＩや量子コンピューター、バイオなど、米国が中国に優位を保っている分野に欠かせないのが、最先端の半導体だ」と語る。最先端の半導体を生産できる企業は、世界で事実上、韓国のサムスン電子、台湾のＴＳＭＣの2社に絞られつつある。

米国はバイデン氏が副大統領を務めたオバマ政権時代から、日米韓の枠組み強化を目指してきた。オバマ政権当時は慰安婦問題の解決を最優先に掲げた朴槿恵政権と日本の安倍晋三政権の関係が険悪になり、日米韓会談を開いて間を取り持ったという経緯がある。文在寅政権当時には日韓関係が極度に冷えこんだ。当時の米政府関係者は「日韓ともに、東アジア全体の状況にもっと目を向けるべきだ」とこぼしていた。

それだけに、バイデン政権として初めて外国首脳をキャンプ・デービッドに招く一方、会談前には米国内外のメディアに会談内容を積極的にリークするなど、会談の盛り上げに躍起になった。関係者の一人は「日米韓首脳会談の定例開催など、枠組みを強化する上で大きな一歩になったことは間違いない」と評価する。前のめりになった米国にほぼ同調する姿勢をみせた日本に対し、韓国はやや苦悩する姿勢をみせた。その苦悩は、発表された3文書に表れている。

関係筋によれば、当初の発表文書は「キャンプ・デービッド原則」と「日米韓首脳共同声明」の2文書だった。ところが、「我々、日米韓3カ国の首脳は、我々の共通の利益及び安全保障に影響を及ぼす地域の挑戦、挑発及び脅威に対する3カ国の対応を連携させるため、3カ国の政府が相互に迅速な形で協議することにコミットする」という文言が問題になった。当初は、「duty（義務）」という言葉を使うことを主張する米国に対し、韓国が「表現が強すぎる」として抵抗。最終的に「commitment（公約）」という言葉にトーンダウンさせる代わりに、別に「日本、米国及び韓国間で協議するとしたコミットメント」という文書を独立して作ることで意義を強調することになったという。

## 尹政権は中国へ気を遣っていた

韓国側の姿勢の背景には、韓国内や中国にある「日米韓の防衛協力を同盟に格上げすることを意味するのではないか」という反発への懸念があった。中国も２０１７年秋の中韓外相会談で、「日米韓の軍事同盟化」に強く反対したうえで、会談後には「韓国が軍事同盟に発展させないと約束した」と触れて回った。それもあってか、キャンプ・デービッドでのコミットメントの文書は中国や台湾といった特定の国や地域について触れなかったことはもちろん、わざわざ、「日米安全保障条約及び米韓相互防衛条約から生じるコミットメントに優先したり、これと抵触したりするものではない」という「注意書き」まで入れた。

また、韓国は当初、共同文書に「中国」という文字を入れることに慎重だった。実際、韓国政府高官は8月13日の時点での韓国記者団へのブリーフィングのなかで共同文書の展望について「中国を直接明記して、日米韓が敵対視するとか、中国のためにこのような（共同文書に盛り込む）行動を取るという表現は入らないだろう」と語っていた。

結果的に、日米韓首脳共同声明では「南シナ海において最近我々が目の当たりにした、中国による不法な海洋権益に関する主張を後押しする危険かつ攻撃的な行動」という表現で、唯一「中国」という言葉が入った。関係者によれば、南シナ海をめぐるフィリピンと中国の紛争を巡り、国連海洋法条約に基づいて設立された仲裁裁判所が16年7月、中国による権利の主張を退けたことが決め手になり、「中国による不法な海洋権益に関する主張」という表現に落ち着いたという。

その一方で、台湾問題については「台湾海峡の平和と安定の重要性を再確認する」という従来の表現が踏襲された。日米両政府には当時、尹錫悦大統領が23年4月、ロイター通信とのインタビューで示した、「力による現状変更の試みによって台湾周辺の緊張が高まっている」という状況認識や、「力による現状変更には絶対反対する」との考え、「台湾問題は中台間だけでなく、北朝鮮と同じような国際問題だ」という主張を盛り込むことへの期待感があったという。

ところが、前述した通り、中国政府は尹大統領の発言に激しく反発した。そればかりか、中国遼寧省大連市の旧旅順監獄にある、伊藤博文を暗殺した安重根《アンジュングン》を紹介する展示の公開が取りやめになった。中国吉林省竜井市で復元された韓国の国民的詩人、尹東柱《ユンドンジュ》の生家も公開されなくなった。中国側は「一時的な公開停止」としているが、韓国政府内では「尹大統領の発言に対する報復措置」との見方が広がった。このため、尹大統領が4月に使った台湾に関する表現は、事実上のお蔵入りになったという。

同時に、中国は韓国を懐柔する政策にも手をつけていた。中国政府は24年11月8日から韓国を含む一部の国を対象に短期滞在のビザを免除すると発表した。これには韓国政府が驚いた。尹錫悦政権は米韓同盟第一主義で、中韓関係がぎくしゃくしていたからだ。

これは、最近の中国と北朝鮮との微妙な関係も影響している。中国は22年春ごろ、核実験の動きをみせていた北朝鮮に対し、水面下で圧力をかけた。北朝鮮の核開発が、日本や韓国、台湾などに広がる「核ドミノ現象」を恐れたからだと言われる。中韓関係筋によれば、習近平中国国家主席は金正恩氏に親書を送り、中国が北朝鮮を支援してきた経緯に触れながら、核実験を思いとどまるよう訴えたという。あれから2年半が過ぎ、北朝鮮はロシアに急接近した。韓国外交省の朝鮮半島平和交渉本部長も務めた保守系「国民の力」の金健《キムゴン》議員は「中国はものすごく腹を立てているだろう」と語る。中国は5000年の歴史の間、朝鮮半島を自分の庭あるいは属国だと考えて来た。ロシアが朝鮮半島有事の際、北朝鮮との同盟関係を理由に軍を進めれば、中国は耐えられない苦痛を感じるだろう。中国としても、北朝鮮をコントロールするために、あるいは台湾有事に韓国を関与させないために、韓国とは一定程度良い関係を維持しておきたい。韓国政府関係者は24年11月の中国

による ビザ解禁の発表を聞き、「我々が驚いたくらいだから、北朝鮮はもっと驚いただろう。挑発を続けるなら、中国は韓国に接近するぞという脅しのメッセージかもしれない」と話していた。

こうしたなか、中国に気を遣いながらとはいえ、米韓同盟第一主義の尹錫悦政権が戒厳令騒ぎによって急速に統治能力を失ったことは、中国にとって僥倖《ぎょうこう》以外の何物でもない。韓国の進歩系政権は、盧武鉉政権が「大陸国家と太平洋国家のバランス外交」を掲げるなど、保守政権よりも中国に配慮してきた。文在寅政権当時の17年12月には、中韓外相会談が開かれ、そこで「3つのノー政策(韓国による、米軍の高高度ミサイル防衛システム〈THAAD〉の追加配備拒否、日米主導のミサイル防衛への不参加、日米韓防衛協力の同盟関係への格上げの否定)」に合意したと、中国側は宣伝した。「共に民主党」の李在明代表は22年大統領選での討論会で、この3つのノー政策を肯定する考えを示した。

25年、韓国に進歩政権が誕生すれば、中国の習近平国家主席は尹政権に対して渋っていた韓国公式訪問をすぐにでも実現させようとするかもしれない。

## 良好だった日韓関係は……

24年12月の戒厳令は、翌25年に日韓国交正常化60周年を控えた日本にも驚きをもたらした。同月には日韓議員連盟関係者の訪韓が、25年1月には石破茂首相の訪韓が、それぞれ予定されていたが、白紙に戻った。24年12月3日夜の戒厳令宣布の直後から、日本外務省はチームズで内部連絡網を立ち上げたが、次々に参加者が増え、最後には130人以上になった。東京の外務省本省が一番心配したのが、韓国にいる邦人保護だったという。戦後、戒厳令など一度も経験せず、平和な世の中を過ごしてきた日本らしい反応でもあった。

興奮がいったん落ち着いた後、日本政府関係者の間に改めて広まったのは、「果たしてポスト尹政権は、尹錫悦大統領のように日韓関係を重視してくれるだろうか」という疑問だった。そのくらい、尹大統領の対日姿勢は友好的で確固たるものがあった。尹大統領は22年5月に就任するとほぼ同時に、新型コロナウイルスの影響で中断していた羽田空港と韓国・金浦空港の直行便の早期再開を直接、事務方に指示した。当時、尹氏と面会した日本政府関係者によれば、尹氏は隣に座った朴振《パクチン》外相（当時）に、いきなり「すぐに再開させろ」と命じた。話を事前に聞かされていなかった朴氏は目を白黒させていたという。23年3月には、日本と韓国の間で最大の懸案になっていた徴用工問題について、韓国側が独自に原告団に第3者弁済を行うなどの解決策を発表した。尹氏は同月、日本を訪問。その後も日韓の良好な関係が続いた。本来なら、国交正常化60周年を期して、25年中に、盧武鉉大統領以来となる尹大統領の日本への国賓訪問が実現するはずだった。

## 佐渡の金山追悼式で見せた不満

尹氏の対日政策は、文在寅政権で傷ついた両国関係を改善したという点で高く評価された。ただ、それが韓国世論の全面的な支持を得ていたかといえば、そうとも言い切れない。その一つの例が、24年7月に世界文化遺産に登録された新潟県の「佐渡島の金山」を巡り、佐渡市で同年11月24日、生稲晃子外務政務官らが出席して開かれた「労働者のための追悼式」だった。当初、韓国政府は追悼式に参加する方向だったが、前日になって「意見調整が十分ではなかった」などとして、政府代表らの出席見送りを発表。11月25日に同市で独自の追悼式を開いた。

複数の関係者によれば、韓国側はこの行事に不満を持っていた。韓国側はそもそも、文化遺産登録を認める条件の一つとして、朝鮮半島出身の労働者たちを追悼する行事を開くことを望んでいた。ところが、主催者が日韓両政府ではなく、地元の市民団体や県、佐渡市などでつくる実行委員会になった。加えて日本側が打診した式の名称が「追悼と感謝の式典」だった。日本側としては、「世界文化遺産に登録していただいた地元自治体の感謝の気持ちを伝える」という意味があったが、韓国側は「なぜ、追悼式に感謝を盛り込むのか」と反発した。当初、外務省レベルの交渉ではらちが明かず、韓国側は政治決着を求めた。ところが、外務省の担当幹部が「石破茂首相は忙しい」と突っぱね、韓国側を余計いらだたせた。最終的に岩屋毅外相が石破首相と協議し、「感謝」を外すことで合意した。「やれやれ、これで決着か」と思っていたところ、韓国側が再び、態度を硬化させた。外務省が22日に生稲氏の出席を発表したタイミングだった。韓国メディアが直後から「生稲氏は2022年8月15日に靖国神社に参拝した」と報道。韓国政府は22日午後に予定していた追悼式を巡る記者ブリーフィングを中止する一方、日本政府に「追悼の辞」の修正と、生稲氏と外務政務官以上の役職者との差し替えを求めたという。

これに対し、日本側は「追悼式と靖国参拝を絡めるべきではない。そもそも、生稲氏は参院議員就任後に参拝していない」と主張したが、韓国側は聞き入れなかった。共同通信は25日夜、生稲氏の靖国参拝報道は誤報だったとしておわびと訂正を行った。それでも、韓国の趙兌烈外相は27日、韓国記者団に対し、「(靖国参拝は)ある程度影響したが、決定的な要因ではない」と答えた。趙外相は28日の韓国国会でも「日本が（世界文化遺産登録の際に）韓国と国際社会にした約束をちゃんと履行したかどうかの問題だ」と説明。「（靖国参拝）報道がなくても、追悼式不参加を決めていた」と主張した。また、韓国外交省は26日、同省を担当する記者団に対し、同省当局者が25日、在韓日本大使館に「追悼式関連の韓日交渉の過程で、日本が見せた態度に遺憾の意を表明した」と伝えたと説明した。「追悼の辞」を巡っては「強制連行の要素を入れるべきだ」とする韓国と、「強制連行の事実は認められない」とする日本の間で平行線が続いた。それでも、韓国は「追悼の辞」に不満を残しつつ、出席の方向に傾いていたという。ところが、生稲氏の出席とともに、韓国側に手渡された同氏のあいさつ文（ステートメント）に強く反発したという。関係者は「例えば、ステートメントには朝鮮半島から来られた方々、という表現があった。韓国にしてみれば、強制連行の事実を認めないばかりか、まるでお客さんのような扱いで違和感を持った」と語る。

別の関係者は、韓国の不参加の背景には二つの要因が働いたと指摘する。一つは趙外相個人の「こだわり」だ。趙氏は端島（通称軍艦島）を含む、明治日本の産業革命遺産が世界文化遺産に登録された２０１５年当時、第2外務次官だった。韓国側は軍艦島を巡っても、佐渡島金山と同じように、日本側に「展示内容に強制連行の歴史を含めるべきだ」と主張したが、「登録で譲歩したのに、日本が十分約束を守らず、韓国内で世論の袋叩きに遭った」という苦い思い出が残った。趙外相らは、ステートメントをみて、ことさら、「約束の履行」にこだわった。

そして、二つ目の要因は尹錫悦政権の体力の低下があった。尹政権はファーストレディーの金建希氏を巡るスキャンダルなどから支持率が低迷。韓国ギャラップが11月29日に発表した支持率は19％で3週間ぶりに2割を切っていた。体力が低下し、最大野党・共に民主党などによる「自業自得外交」という非難をはねつける余裕がなくなりつつあった。当時、日本側は「尹大統領はぶれない人物。今回の一件で、日韓関係が暗転するとは考えていない」と語っていた。いわば、尹氏は「日韓関係の最後の砦」だったが、それも戒厳令騒ぎでもろくも崩れた。

佐渡島の金山の追悼式での騒ぎからもわかるように、尹氏の「とにかく韓日関係改善」という路線は、一時期の険悪な関係を脱するまでは支持を得たものの、徐々に「歴史認識問題では依然、それなりに日本に責任がある」という韓国の一般市民の皮膚感覚とずれていった面があるのは間違いない。少なくとも、尹大統領が政治の舞台から退場すれば、歴史認識問題に一定の制動がかかるのは避けられない。

## 次期大統領候補の〝疑惑〟

では、進歩系の「共に民主党」で、とかく日本に対して厳しい態度を示してきた李在明《イジェミョン》代表が大統領に就任したらどうなるだろうか。過去には「（朝鮮半島を）武力で占拠した侵略国家」「敵性国家」と発言してきた。同党所属議員の一人は「李在明氏は昔、城南《ソンナム》市長などを務めていた時、自分の発信力の弱さを補うため、わざと強いメッセージを発信していた。京畿道知事、党代表と政治力がつくにつれ、彼の発言は安定感を増している」と弁護する。

ただ、この釈明はあまり正確ではない。李氏は知事に就いていた21年5月、東京電力福島第一原発の処理水の海洋放出をめぐっては、「人類と自然への重大な犯罪」と日本政府を非難した。党代表就任後、岸田文雄首相（当時）の訪韓を前にした23年5月にも「対日屈従外交を正す最後の機会」と主張していた。韓国政府関係者の一人は15年12月、日韓慰安婦合意が締結された直後に、当時城南市長だった李氏がぶった演説を今でも忘れないという。李氏は日韓慰安婦合意について「謝罪も何もない、ひどい合意だ」と口を極めてののしったという。関係者は「明らかに合意文も読まずに、勝手に決めつけていた」と憤る。

また、李在明氏はラジオの討論番組などで決められた持ち時間を守らず、他の出演者の持ち時間を奪うケースもしばしば見られた。呆然とする出演者に対し、李氏は「あなたは、政治を知らないんだな」と平気で言い放っていたという。すでに公開されている電話の録音記録でも、李氏が兄と兄嫁を罵詈雑言でののしる声が残されている。また、李氏の過去の疑惑にからむ人々が短期間に５人も亡くなった。韓国政府元高官は「たとえ法的に李氏が無関係だとしても、政治的・道義的な責任は免れない」と批判する。こうしたことから、進歩勢力のなかでも、李在明氏を嫌う人は多く、「進歩が李在明以外の候補を立てれば、次の大統領選は進歩が必ず勝つが、李在明氏が出たら、どうなるかはわからない」という陰口につながっている。

## 過激な反日主義を掲げる人も

李在明氏は24年12月26日、水嶋光一駐韓日本大使と面会した。李代表側からの働きかけで実現したもので、「李在明氏は過激な政治家ではなく、十分な政権担当能力がある」ということを内外に示すための演出の一環だった。日本外務省のなかには「李在明氏に利用されるのではないか」という懸念の声が上がったが、ソウルの日本大使館が「日本とケン力をするために会うわけではなかろう。李在明氏が日本に関心があるという既成事実になるのではないか」と説明し、会談が実現した。

会談ではカメラが入った冒頭、水嶋氏が2分ほど語ったのに対し、李氏は15分以上にわたってとうとうと持論をぶった。カメラが去った後、李氏は水嶋氏に対してこう語った。「わたしは外見から反日主義者と言われている。しかし、中身は親日主義者だ」。苦笑した水嶋氏はこう切り返した。「それなら、是非記者会見で、私は親日主義者だと語っていただきたい」。李氏は苦笑するばかりで返事をしなかったという。

李在明氏の外交ブレーンでもある魏聖洛議員（「共に民主党」）は「李代表は、歴史認識問題では、尹政権よりも意見を述べるだろう。でも、李氏は（同じ進歩系でも）盧武鉉元大統領や文在寅前大統領に比べてイデオロギー色が強くなく、実務的だ」と語る。信念や哲学で日本を批判しているのではなく、国民世論が望むからそうしているという意味だ。そのうえで、魏氏は「韓日関係の改善や韓米同盟の強化を願わない国民はほとんどいない。李在明氏はこうした国民の考えを重視するだろう。韓米日協力を支持する立場も何度も明らかにしている。結局、韓米同盟や韓米日関係を重視する今の流れは変わりようがない」と話す。

これはある意味正しいが、それは、国内政治が安定している場合に限られるだろう。国内の支持率が低迷したとき、敵を外につくって支持率を上げるやり方は、金泳三大統領が竹島（韓国名・独島《ドクト》）の護岸工事などを実施したことや、李明博大統領が現職大統領として初めて竹島に上陸したことからも、十分に予想がつく展開だ。また、「共に民主党」には、「586世代、まもなく686世代（50代ないしは60代で、1980年代に大学で学んだ、1960年代生まれの人々）」が大勢いる。彼らの多くは元学生運動家であり、過激な反日主義を掲げる人も少なくない。こうした人々は魏聖洛氏ら外交ブレーンよりも党内政治力学で強い立ち位置にいる。このため、韓国内の政治事情で、日韓関係が緊張する場面もありうるだろう。

日韓両国は25年初めの時点で、日韓国交正常化60周年を行事主体で祝っていく方針だ。特に、新しい政治宣言などは考えていないという。「寝た子は起こさない」「あえて火種は作らない」という方針が、戒厳令の後の日韓関係には一番ふさわしいのかもしれない。

# おわりに

2024年12月3日、韓国の尹錫悦大統領が出した戒厳令に端を発した混乱は、従来とやや異なる展開を見せている。尹氏の弾劾可否を決める憲法裁判所の審判は2月25日の最終弁論で結審し、本書が出版される頃には、判断が下されているだろう。与党「国民の力」の支持率が急伸したため、当初予想された2月末の判断からはややずれ込んだ。憲法裁を始め、韓国司法は世論の動向に敏感だ。当初は簡単に「尹錫悦氏弾劾」を決めるかに見えたが、保守勢力の巻き返しから、慎重に判断した方が良いと考え直したようだ。

韓国の世論調査会社「リアルメーター」の調査によれば、24年12月第2週時点では、「国民の力」の支持率が25・7%、最大野党「共に民主党」が52・4%だった。ところが、「国民の力」が徐々に支持率を回復し、25年1月第3週で支持率が逆転した。同月第4週時点の次期大統領選についての調査では、「野党中心による政権交代を」が49・1%で「与党中心による政権継続を支持」の46%と、ほぼ拮抗している。韓国メディアによれば、尹大統領の支持率も4割から5割程度に回復しているとみられている。韓国世論は戒厳令に強い拒否反応を示してきた。韓国ギャラップが24年12月13日に発表した世論調査によれば、尹氏の弾劾に75％が賛成し、71％が「戒厳令は内乱」と答えた。尹氏の支持率は11％だった。

どうしてこのような状況になったのか。韓国大統領府の元高官は「ユーチューブが毎日、尹大統領の主張を拡散し続けた結果、政治に関心がない無党派層が与党支持に回った」と語る。韓国内では24年12月3日以降、戒厳令を巡る話題がニュースの約半数を占め続けている。このうち、尹大統領が主語になる出来事が、12月14日の弾劾決議、同月31日の拘束令状発付、25年1月3日の拘束失敗、15日の拘束、19日の逮捕、21日の憲法裁判所への初出廷、26日の起訴と、切れ目なく起きた。尹氏と弁護団はその都度、非常戒厳の正当性を訴え続けている。

尹氏らの主張に大きな助けとなっているのが右翼系のユーチューブチャンネルだ。120万人以上の登録者を抱える極右系チャンネル「高成国《コソングク》TV」には、「20（代）30（代）を激怒させた民主党のたわごと」「金建希氏の面会禁止、左派の背徳的戦術」「民主党、検察、裁判所、何を隠しているのか」など、刺激的なタイトルが並ぶ。

大統領府の元幹部は「非常戒厳を肯定する人はいないし、尹大統領が弾劾されるべきだと考えている人も6割程度いる。その一方、毎日、新しい話題を絡めながら、尹氏の主張を繰り返し聴くうちに、尹氏への同情が広がっている」と説明する。1月19日、尹氏の逮捕状を発付したソウル西部地方裁判所の敷地に、尹氏の支持者ら100人あまりが乱入し、ガラスを割るなどの乱暴狼藉を働いた。元幹部は「10～30代の若い人が半数程度を占めていたようだ。これもユーチューブの影響だろう」と語る。

2017年3月の朴槿恵大統領の弾劾では、朴氏と保守系与党の支持率はずっと下がり続けた。当時、朴氏は公式の場での反論を一切控えた。また、当時はユーチューブもそれほど盛んではなかった。高成国氏も「朴槿恵大統領の弾劾時、私の主張を聞いてくれるメディアがなかった。それで、2018年にユーチューブを始めた」と語る。

もちろん、韓国には様々な「オールド・メディア」がある。ケーブルテレビも充実していて、尹氏の拘束時には、各局が生中継を行った。ただ、ユーチューブのような煽情的な言葉や、思い切り角度をつけた分析は控えている。かといって、「オールド・メディア」が厳正中立の姿勢を維持しているということもない。大多数のメディアが「保守」か「進歩」に色分けされている。視聴者たちにしてみれば、若者層を中心に「どうせ、角度がついた報道なら、面白くて刺激的なユーチューブの方を楽しみたい」という心理が働くようだ。

結局、ユーチューブにはまって、「不正選挙」「中国や北朝鮮の介入」などの陰謀論に傾いて非常戒厳を布告した尹大統領だけでなく、一般市民にまでユーチューブの影響が及ぶ事態になったとも言えそうだ。オールド・メディアよりもSNSやユーチューブに影響された政治行動は、すでに24年の東京都知事選や兵庫県知事選でも指摘された現象だ。

憲法裁では判事（定数9人）のうち、現在空席の1人を除いた8人中、6人が賛成すれば、尹氏は罷免される。韓国検察当局は25年1月26日、全国検事長会議を開いて検察幹部の意見を集約したうえで、尹氏を内乱罪などで起訴した。元大統領府幹部も「司法の専門家が出した結論をみれば、憲法裁も弾劾を支持するのが道理だろう」と語る。ただ、その一方、「憲法裁は世論にも影響される。8人中3人が弾劾を支持しない可能性もないわけではない」と語る。

そうなれば、尹氏は刑事訴追された身分ながら、大統領職に復帰する。いわば獄中政治だ。もちろん、そうなれば、韓国内で「大統領職務執行に問題がでるため、釈放すべきではないか」という声が出て、在宅起訴に切り替わる可能性も十分ある。一方、野党は納得せず、徹底抗戦に出るだろう。尹氏の大統領任期が終わる27年5月まで、政治空白が続くことになる。

トランプ米大統領が北朝鮮の金正恩総書記との会談に意欲を示し、米国防総省関係者からは在韓米軍削減を模索する発言も出ている。韓国で政治空白がより許されない時期に、こうした展開はまさに不幸としか言いようがない。

一方、ソウル高等裁判所は、「共に民主党」の李在明代表が22年の大統領選で虚偽を述べたとして24年11月に1審有罪判決を受けた公職選挙法違反事件の控訴審を、25年2月26日に結審し、3月26日に宣告する予定だ。最終的に李氏の有罪が確定すれば、李氏は次期大統領選に立候補できない。韓国政府元高官は「ここまで来たら、尹氏は自分が弾劾されたとしても、できるだけ憲法裁の審理を長引かせて大統領選を先延ばしし、李氏も道連れに政界で活動できないようにする気だろう」とも語る。

韓国社会は少なくとも尹氏の大統領在職中は、その政治責任だけを問い、刑事責任は問うべきではなかった。どうしても、刑事責任を問いたければ、尹氏が弾劾された後にすればよかっただろう。刑事責任を追及したことで、尹氏と保守勢力の猛烈な反発を招き、そこにユーチューブも加わって、国内が分裂・両極化するという不幸な事態に至った。

文中で紹介した、かつての韓国軍秘密私的組織「ハナフェ（ひとつの会）」の合言葉ではないが、韓国の人々が「ウリヌンハナ（私たちはひとつ）」と言える時代が果たして来るだろうか。

**牧野愛博**（まきの よしひろ）

朝日新聞記者、広島大学客員教授。1965年、愛知県生まれ。早稲田大学法学部卒業後、大阪商船三井船舶（現・商船三井）に入社。1991年、朝日新聞社入社。瀬戸通信局、政治部、販売局、機動特派員兼国際報道部次長、全米民主主義基金（NED）客員研究員、ソウル支局長などを経て現職。『沖縄有事』（文藝春秋）、『金正恩と金与正』、『韓国を支配する「空気」の研究』、『ルポ　絶望の韓国』（いずれも文春新書）、『ルポ「断絶」の日韓』（朝日新書）、『ルポ　金正恩とトランプ』（朝日新聞出版）など著書多数。

**文春新書**

1489

韓国大乱《かんこくたいらん》

2025年3月20日　第1刷発行

著　者　牧　野　愛　博
発行者　大　松　芳　男
発行所　株式会社　文　藝　春　秋

〒102-8008　東京都千代田区紀尾井町3-23
電話（03）3265-1211（代表）

印刷所　理　想　社
付物印刷　大　日　本　印　刷
製本所　加　藤　製　本

定価はカバーに表示してあります。
万一、落丁・乱丁の場合は小社製作部宛お送り下さい。
送料小社負担でお取替え致します。


ISBN978-4-16-661489-9